「在人文丛林
中 遇 见
经 营 学
2」

인문의 숲에서

경영을 만나다

思想，与习惯诀别

[韩] 郑镇弘——著

赵英顺　曹春爱 ——译

时代出版传媒股份有限公司
北 京 时 代 华 文 书 局

图书在版编目（CIP）数据

在人文丛林中遇见经营学 . 2, 思想，与习惯诀别 /(韩) 郑镇弘著；赵英顺，曹春爱译 . -- 北京 : 北京时代华文书局，2016.8

ISBN 978-7-5699-1083-4

Ⅰ . ①在… Ⅱ . ①郑… ②赵… ③曹… Ⅲ . ①经营经济学－通俗读物 Ⅳ . ① F272.3-49

中国版本图书馆 CIP 数据核字 (2016) 第 192030 号

北京市版权著作权合同登记号 字：01-2015-1778

在人文丛林中遇见经营学 2：思想，与习惯诀别

作　　者 | ［韩］郑镇弘
译　　者 | 赵英顺　曹春爱

出 版 人 | 杨红卫
责任编辑 | 胡俊生　周连杰
装帧设计 | 迟　稳　赵芝英
责任印制 | 刘　银

出版发行 | 时代出版传媒股份有限公司 http://www.press-mart.com
北京时代华文书局 http://www.bjsdsj.com.cn
北京市东城区安定门外大街136号皇城国际大厦A座8楼
邮编：100011　电话：010－64267955　64267677
印　　刷 | 北京京都六环印刷厂　010-89591957
（如发现印装质量问题，请与印刷厂联系调换）
开　　本 | 710×1000mm　1/16
印　　张 | 16
字　　数 | 200 千字
版　　次 | 2016 年 10 月第 1 版　　2016 年 10 月第 1 次印刷
书　　号 | ISBN 978-7-5699-1083-4

定　　价 | 45. 00 元

序言

塑造不同于昨天的人文精神

在人文的森林里遇见经营，之后……

自2007年冬天发行《人文的森林里遇见经营》之后，过了近半年时间，一直被人们冷落的人文学，反而成了人们敬仰和狂热的对象。现在没有人再藐视人文学了，一提及“人文学危机”都会嗤之以鼻了。这是因为人文学稳稳占据了这个时代新的关键词和图标的榜首位置了。

《韩国经济新闻》发表了“2008年上半年25部优秀图书”，并说出了“囊括2008年上半年在我们这个社会读书关键词的是‘人文学的想象力和洞察力’”。并把《人文学的森林里》放在了首位。《人文学的森林里》的序言里强调“重新重视人文学的原因，就是为了增强‘洞察的力量’”，正好切中了这一点。

人文学不单只适用于是读书阶层，甚至听说韩国早餐聚会都被其占领，就这样，人文学重新复活了。当然这个现象是《人文学的森林里》的母体“美第奇21”人文学早餐讲课进行了三年后，人文学优秀领导培训过程等成为标杆效应对象之后出现的现象。我敢说这都是“美第奇21”和《人文的森林里》取得的虽小，但殷实的成果。

但看到“人文学的危机”瞬间转变成“人文学热”的这个世界，不能光高兴，反而有点担忧。我担心有人认为这是一时兴起人文学热或只是一个流行的某一对象。我肯定人文学并不是流行的对象，也绝不是流行前哨。人们很容易遇到小小的困难，就蜂拥追逐。但这只是被人文学精神所迷惑，而且是把刚刚起死回生的人文学再一次抹杀的行径。人文的力量、人文学的精神是不断挑战和冒险及从此处散发出来的创造的力量及精神。这既不能成为模仿，也不能成为流行，更不能成为盛行。

剥离的人文学、沾满灰尘的人文学、禁闭在大学的篱笆内呻吟的人文学，推到人文学的世界里，从这里得到真正洞察的力量，被人们冷落而说成危机的人文学全面浮出水面了。每月一次的“美第奇21”早餐讲课，整整有三年的时间了。现在推出第二个果实《人文的森林里遇见经营2》。在“美第奇21”和《人文的森林里2》宣扬的新人文主义，即“人文学精神”一如既往。

人文学精神，第一是增强洞察的力量，在这纷繁复杂变化的世界里，为了摸索不被任何东西动摇，找出正确的方向，增强洞察力量的人文学本身就是应对变化和在生活的斗争中铸成的闪亮的结晶，又是生活的钻石；第二，人文学精神如同生活的根，为了通过活灵活现的人文学，恢复生活的自尊，重新开始新生活而从根本上重新开始学习。这是因为人文学具有隐藏的力量，不，真正的力量是具有塑造人们重新站起来，像个真正人一样的力量；第三，人文学精神并不是剥离人文学观念的集合，而是紧张生活中展开的巨大的精神运动、灵魂的奋争创造出来的。人文学绝不能成为一时的流行或盛行的对象，其原因也在此。

归根结底，不能说人文学是随着岁月摇摆的流行，应该是不停顿的生命持续的生活的热情。就像“流行”和“热情”在韩语当中等同于“时尚”，但其意思完全不同一样，人文学的流行也绝不等同于人文学所蕴藏的生活的热情，因为“流行”可以模仿“热情”，但绝不能成为热情本身。我们不能被从“人文学危机”改头换面“人文学流行”的奇怪的世间民心变化所迷惑或驯服或自我满足。应该创造出把这个“流行”进入到真正“热情”的熔炉里，才能炼就“人文学精神”的钢铁。同样人文学只是投入的对象，不能成为流行的对象。人文学稍不留神成为另一个盛行的瞬间，人文学精神就会灭亡，即使炼成钢铁钟，也是废铜烂铁。

欲求生存而挣扎的人文学

人文学是生活的学问。它是重新找到自我，塑造有作为的人的力量。因此欲求生存的挣扎中，人文学像抖掉观念剥离的灰尘而重生一样，人文学精神的伟大的钟声给生活悠远的回声响彻我们生活的每一个角落。不仅响彻明亮而舒适的地方，就连阴暗而潮湿的地方也一一传播。这里介绍的两个故事就是其中回声的一部分。通向他们的人文学精神的回声与他们一同，改变了我们生活的世界。这正是真正的人文的力量，人文学精神的体现。

故事一，世界上最珍贵的汇款单

有一天，我看到桌子上放着一个信封。打开一看里面装有“网上汇款单”，即汇款单。金额为七万五千元！也许有的读者也很想知道什么是汇款单。简单说就是邮局发行，用邮件形式寄出的一种小额支票。在首尔或大城市不怎么使用，但银行交易不大方便的乡下到现在紧要的时候仍使用汇款单。不管怎样，收到了名字都生疏的“汇款单”，开始觉得很纳闷。到底是谁寄过来的？

仔细一看给我寄来装有七万五千元汇款单的人是京畿道安城的一位叫金众善的人。仔细回想，两个月前我寄给他五本《人文的森林里》。寄书的理由是，三个月前的某一天金先生给我寄来一封黄色牛皮纸写的信，信上金先生介绍自已是70多岁的农夫。内容是在邑内的书店看到《人文的森林里》，渴望买了送给每个儿女，但当时没有钱，经过几天的犹豫不决，硬着头皮写信给此书作者的我，要求寄给他五本书。

我毫不迟疑就寄给金先生五本《人文的森林里》。他寄来的信封里一并附有金先生和记载已经成人的儿女们姓名的“亲属关系证明”，每一本书的内页上写上他们的名字和“想传递的话”寄给他们每一个人。给金先生的儿子和女儿，写上“即使碰壁了，也不要放弃，请打造突破出去的门吧”的话，寄给了已经成人的两男两女。写“恳切之心，有惊人的能量”，寄给了金先生。寄过去之后，我忘掉了此事。

其实金先生在寄过来的信里说“秋收后或节约生活费，还书费”。其实我并没怎么相信这话，以为只是客套话而已。但寄去书两个月后，这五本书款七万五千元，以汇款单的方式寄到我这里了。还没到秋收季节，大概金先生就像信里所说的那样节省了生活费，寄过来的吧！因此收到汇款单后想退给他，但这样做认为逆了金先生之意，有损他的自尊心，因为金先生虽然领政府发的津贴过着紧巴巴的日子，但一有空便开垦自己家周围的零星土地，在附近小学和中学做清洁工，看起来过着窘迫的日子，但他在海军上士服役30年退役，因此是位正直且自尊心很强的军人。

因此，我改变主意，没给金先生退款，打算一生珍藏起来。因为这个汇款单是，即使过着穷困的生活，但纯粹而正直的人。在我们周围还是很多，这个汇款单虽小但它是很珍贵的证据。同时也是一个《人文的森林里》没有脱离观念的人文学的故事，是能够成为恢复生活的自信和从根本上学会重新开始的契机，虽小但它是很珍贵的物证之一。

人世间越是艰难混浊，我越拿出来看金先生寄来的印有七万五千元的汇款单。虽穷但正直而坦荡对待生活的态度，页面十倍、百倍、千倍以上的价值蕴涵在这汇款单上，同时本身就是人文学力量的见证。决定一生珍藏这封汇款单后，我又给金先生和他的儿女们寄去了另外的新书。现在是该寄给他们《人文的森林里2》的时候了。当然这些书本身并不是食粮，也不是金钱，但我相信这些书能够带给他们在陡峭的现实路上自我爬起来的真正的力量。这就是人文的力量，是人文学的精神。

故事二，越过监狱高墙飞来的信件

3月下旬左右，我的桌子上又来了另一封信。信封上写着安阳邮局信箱101—3×××号。打开信封一看，里面有用整齐的笔体写的两页的信。寄信的人表明自己是“某某监狱服役的柳某某”。当然是没有一面之交的人。自我介绍说他是我报纸专栏的热心读者。他说“在监狱的围墙里生活，但不能毫无疑义地虚度年华，不能做出愚蠢的事情”，说“在监狱的日子里，多接触好书，以后回归社会后，想过无悔的日子”。然后拜托我一件事，就是让我给他寄一本《人文森林里》。真是一件既恳切又纯朴的委托，我毫不迟疑地就给他寄过去了。

大概4月中旬，越过监狱高墙从柳某某那里飞来了一封表示感谢收到书，再过4个多月就可以出狱，可以重新开始新生活的内容的信。他说酒后犯了错，3年多生活在监狱，因此现在就连睡觉的时间都用来读书，竭尽全力做准备重新开始新生活，《人文的森林里》中的人文的力量和人文学精神能给他带来很大帮助。也许《人文的森林里2》发行的时候，他也出了监狱，面临沟通并不容易的这个社会。就在那个时候非常希望这本《人文的森林里2》能够送达到他手里并能读到，在那个时间我想给他寄一本。重新走向社会的他，抛开恐惧，恢复自信，做真正的自我，我希望这本书能够给予帮助。

不仅如此在1个月前，我收到了写有忠北清州市西清州邮局邮箱145×××地址的一封信。打开了比其他信封厚两倍的信封，里边有用大学笔记本纸张7页的长信。用非常整洁的正楷写的信，让人难以想象信的主人公是关在监狱的人。

这封信的主人介绍自己是在清州女子监狱服役10个月的女犯人。她像是坦白回顾说："过去岁月心里长满了打不开的疙瘩，倒不出来的怨言，凝聚在黑暗的心底里制造了心里的监狱，把自己关进这个监狱里每一天就想着死。"无从知道什么原因进了监狱，但看到"装着无所谓，装作坚持而挣扎，终于看到了自己两眼中刻上的绝望的尽头"的表现，不由自主地想到了这位，走过来的路真是很坎坷。看到"不能切断枷锁，自我扼杀的愚蠢而软弱、怯懦的过去的记忆就像打碎的玻璃一样扎到我的胸膛"的表现，认为这位女性虽然关在监狱里，绝不比一般作家差，具有活灵活现的文笔。

这位女性说，来到监狱之前，为生活每天奔波14个小时，没有时间接近书。但现在对自我感到混乱，世界越是混沌，就越需要人文力量和人文学精神，触动她的心里，决定在监狱停留的32个月的时间以《人文的森林里》为首，至少要读关于人文学的书，并请教我阶段性读什么书，怎样读好，带着恳切的心情给我写了信。

但我很久都没能给她回信。因为立即选十本书并不是一件容易的事情。究竟哪样是对她的最好的选择和筛选，每次选择的时候都很难决定。因此我认为选定“重新自我站起来的人文学十选”，不如尽早传达《人文的森林里》的第二卷应该更好。因此原本推后发行的《人文的森林里》第二卷，快马加鞭了。终于把第二卷发行了。我希望这位女士能够成为第一个读《人文的森林里2》的读者。因此我想这本书印刷出来的第一本书就寄给这位女士。我肯定这本书蕴含着能够让人重生的人文的力量和人文学精神。

打开未来之窗的人文的力量

希望儿女们能得到前进的力量，而不顾体面请求作者寄《人文的森林里》的村夫金先生；监狱的围墙里服刑3年生活，决心即将开始新生活而想读《人文的森林里》的柳某某；在监狱服刑10个月，剩余的服刑期32个月期间自我振作而开始读《人文的森林》的清州女子监狱的女性；这些人都重新振作自己和自己周围人的生活，想要确立自己的自尊和未来，要有人文的力量，毫不犹豫地决心发挥人文学精神，断然开始进行的人。我认为这些人才是在人文的森林里回荡的虽小但悠扬的钟声。我希望更多人文的力量、人文学精神的回声传播到人文的森林里，能够确立我们的生活、企业、国家的未来，因此把这本《人文的森林里》第2卷展现到这个世界。

郑镇弘

目录
CONTENTS

第一章

治世，作为领导的意义

无需强行去做，无为而治的「无为之治」的境界，只能以德治理时，才能够达到「无为」的境界。

用历史的镜子比照现在

中国唐代第二代皇帝唐太宗李世民，帮助父亲高祖李渊，把突厥族赶出长城之外，征服南部地方，对唐代的创建起了决定性作用，但他并没有帝王的身份。因为他的哥哥是太子。但他杀了册封为太子的哥哥建成和他的全部同党，发动“玄武门之变”，登上了皇帝宝座。

通过引起事变登上皇帝宝座的人物，缺乏正统性，反而更加努力“治世”。当时中国的政治、经济、文化、艺术、军事等各个方面在世界上最发达，拥有缜密的组织体系，后世的史学家们把唐太宗的治世（627~649年）称之为“贞观之治”，真正治理好的时代。

治理程度如何，仅从当时唐朝首都长安来看，就与巴格达一同是世界最大的交易场所而享誉全球。当时长安的监狱空空如也，商人或旅行客即使在穷乡僻壤投宿也不会遇到强盗，牛和马放牧在山里和田野上，外出好几个月也不用锁门。每年都丰收，一斗米只不过三四分钱。男人外出不用携带衣服和食粮，所到之处总能得到款待。

这样的太平盛世，唐太宗和他的大臣们关于政治谈论的重要的言行，在唐太宗死后过了约50年，史官吴兢记录了一本书。这正是中国领导力古典的《贞观政要》。

那吴兢为什么在唐太宗死后过了半世纪，编撰了这本书呢？其直接的原因是武则天。即吴兢编纂《贞观政要》的同期是武则天专政的时期。当时史官把武则天的专政铭刻在心里，再也不希望出现这样的专政，因此写出了这本《贞观政要》。

大家都知道武则天以出众的美貌，14岁成为太宗后宫的人物。在她25岁唐太宗死后，按照宫里的礼节成为尼姑，在感业寺度过了两年。太宗的儿子高宗即位，再次入宫赶走皇后王氏，655年占据了后位。武则天给太宗护理病的时候，太子高宗来看父亲，与武则天相遇建立了感情。那时高宗许诺不会忘了武则天，并遵守了诺言。36岁高宗病重，武则天代替高宗亲自介入政务，直到81岁，40年之久牢牢抓住了实权。

武则天也有儿女。她与高宗有4个儿子。第一位太子弘，在文献上是死了，实际上是亲母杀死的；第二位太子显，被废除而自杀。比高宗大3岁的她，短暂地把两个儿子推向皇帝的位子，但终究把两个都赶下皇帝的位子。66岁时她把国号从唐改为周，自称皇帝统治了15年，成为中国历史上独一无二的女皇帝。到了705年张柬之发动兵变，复位中宗，重建唐王朝，她经历兵变后病死。

史官吴兢牢记唐太宗“用铜做镜子，能够衣冠端正；以古代历史作为镜子，就能知道天下兴亡和王朝交替的原因；以人作为镜子，能够明确自己的得失”的话，编撰了《贞观政要》。因此《贞观政要》是褒贬的典型。查找能够分清是是非非的根据就是历史。在中国学习和掌握历史，是为了参考历史，以过去的事例解决今天的难题。

我们通过《贞观政要》在历史中分辨是非，君主应该怎样处世，看到的就像照镜子一样。

许多君主们都读了《贞观政要》，它是政治实践的指南针，又是帝王学和参谋学的圣典，是唐宪宗和唐文宗喜读的书，唐宣宗写在屏风上读此书。宋朝宋仁宗、辽朝辽兴宗都喜读此书，金朝的金世宗印刷发行成书，鼓励读此书。元朝的元世祖忽必烈也喜读此书，明朝的明宪宗、明神宗也是喜读此书。清朝乾隆皇帝也爱读此书，在韩国《贞观政要》是世代帝王必读的书籍。在日本德川家康爱读此书，鼓励民间也喜读此书。

《贞观政要》应该以很长的人生经纶读下去。读书是把书中平面的活字知识，建立成鲜活的立体智慧，这样才从生活中变成自己的东西。这本《贞观政要》，不要以字来读，应该全身心去读。

《贞观政要》这本书的核心真谛是君主的姿态。在这里君主的姿态要以12项分开说明。

一 问题不是在外，而是在内

1. 问题不在外，而是在内

君主不应该怨人忧天。上级想努力治理，下级混乱的情况，是不存在的。

伤害自己的要素始终不在外，而在自己心里的贪欲。

2. 想成为君主，要不断地学习

唐太宗说“我过去因为平定无数的敌人而东奔西跑，没有时间读书，现在天下太平了身在宫中，但亲自读书很难，因此让别人读来听”。

不学等于面对墙壁。君主和大臣、父亲和儿子的道，政治教化和仁义道德都在书里。

3. 跟割草砍柴的人也要学习

君主应该学会倾听。在市场挑担子的人有挑担子的要领，想知道这个要领就应该问挑担子的人。君主要自降身价，不断地倾听对方的话。

倾听是作为领导最重要的品德之一。因为听不同于自己的想法而变得英明，固执己见不想听其他意见，即使再聪明的领导也会变得狭隘而成为傻瓜。愚蠢的君主认为自己再没有听的，搂着自己的缺点变得愚蠢。贤明的君主始终想到自己有缺点，因此越来越进步，但愚蠢的君主禁锢于自己的缺点，变得永远愚蠢。

4. 积德

想树木茂盛，应该根部壮；想让水流远，源泉要深；想长久和平统治一个国家，君主要积累丰富的德行。积德是什么？不是为自己谋利，而是为百姓担忧。领导只要发挥真正的领导力就可以了，并且不要想着别人回报自己，就连回报本身都忘却的人，才是真正的领导。

5. 对人要情至意尽

对人要情至意尽，就像胡和越一样的胡狄也会团结在一起，但取得胜利后轻蔑其他人，即使是荣辱与共的兄弟也像划过身旁的人一样疏远了。

6. 努力召集人才

对君主而言最重要的是人才，怎样召集人才就成了君主的生存方式。不要只关心填仓库，精力放在人才的积累上，这是不分东西方的亘古不变的真理。做好人才经营，能够带来仓库堆积百倍，甚至千倍的东西。

7. 赏罚要分明

功与罪，赏罚应该分明。治理中最重要的原则就是奖赏和惩罚。

8. 不应该随意显露自己的喜好

领导自己喜好的不应该随意显露出来。传说齐国桓公喜欢穿紫色衣服，全国人都在找同一个颜色的衣服；楚王喜欢细腰的美女，宫女们为了达到细腰，甚至饿死。

9. 用心治理

用酷刑监督，扬威严和愤怒，人们都只是设法避免，并不惧怕君主。表面看似服从，但内心不服从。因此要以心治理。

10. 要警惕自己

君主应该不断地警惕自己。在春秋战国时期有两位性格相反的人物。西门豹性格急而出名，董安于慢而出名。西门豹为了克制自己的急性子，腰上始终带着鞣皮，就像鞣皮子一样忍耐而不忙乎。董安于警惕自己过于慢，腰上带着弓，是为了感受弓的迅捷。

在韩国南冥曹植先生带着铃铛和剑，始终自我保持警惕。用铃铛的声音惊醒自己，用剑一样的心约束自己。

我们腰上也带上能够找到领导指标的东西如何？对于自我警惕，不愧是个好方法。

11. 不要忘了困难时期

管鲍之交中的鲍叔牙说："齐桓公不要忘了逃亡到莒国的事情；管仲不要忘了战败被俘到鲁国受到耻辱的事情；赢迟不要忘了因贫困而在车轮下喂牛的时候。"忘掉艰难的过去，就等于丢失了克服困难前进的未来。

12. 居安思危，太平时想想危机的时候

这是《贞观政要》教导中核心中的核心，是君主最高的品德。自古失去国家的君主，都是在国家太平时忘掉了危机，国家政事稳定的时候，忘掉了混乱之人。因此太平时始终要想到危机和危险。治理国家和治病没有什么差异。就像忽略健康而失去生命一样，天下越是稳定，就越要小心谨慎，变得骄傲或奢侈，肯定会灭亡。

以上提及的君主的姿态强调，不是指外面，而是指内；不是外人，而是从警惕自己开始；最后居安思危，即和平的时候，更加警惕危机。

以下10项是魏征（唐代初期的功臣机学者及丞相）上奏给唐太宗，君主应该遵守的事项，即君主的“十思”。

1.有喜欢的东西时，想到自己所拥有的东西而感到满足，应该自我警惕。

2.进行大型土木工程时，只做可能的事情，应该知道适可而止。

3.在做危险的事情时要以谦虚警惕自己。

4.自满而容易排他时，应该想想巨大的江河和大海的宽大胸怀。

5.被游戏和狩猎陶醉时，应该想想古代先王一年只进行三次的游戏和狩猎的事情。

6.懒惰而办事变松弛的时候，应该想到慎重处理事情。

7.担心失去信赖时，去掉杂念，应该听取对方的意见。

8.担心谗言和奸党时，首先检查自己的言行，不留谗言渗透的余地。

9.奖赏时不能是因为心情好，必须想到事情的根据。

10.不应该因一时的怒怨滥施惩罚。

比起忠臣，更需要良臣

想要看到自己的脸，必须有干净的镜子；君主想要知道自己的缺点，必须依靠忠心耿耿的大臣。

那么大臣要有什么样的姿态，应该拥有怎样的本分呢？《贞观政要》中唐太宗和他忠诚的大臣魏征之间的谈话几乎占了三分之二的分量，对大臣应该具有的道德和本分也谈及了很多。这里魏征区分忠臣和良臣，比起忠臣，对良臣的评价更高。

忠臣就像古代残暴天子夏王桀的大臣伊尹，殷朝纣王的叔父比干等人物，不仅他自己，其整个家族全被灭门，其君主成为暴君，国家、家族都灭亡，只有他自己作为忠臣扬名后世。简单说忠臣指国家灭亡时，皇帝死的时候出现。但皇帝死了，国家灭亡了，自己也死了，在后世以忠臣留名，又有什么用，这是魏征的法则。

相反，良臣有古代伟大的天子舜朝廷里的后稷、契、皋陶等人物，自己不仅在后世得到世人的仰慕，君主得到伟大天子的称号，子孙世世代代传承下去，可谓不可限量的人物。

魏征用非常务实的眼光主张良臣的必要性。即良臣是指自己本身就是后世敬仰的人物，有生之年把君主培养成伟大的天子，使国家富强，让子孙也过得幸福的大臣。正是构思双赢战略的人物称作良臣。魏征进谏忠臣也需要，但良臣多国家富强，大臣自己也得到福德。

要区分正派的大臣和邪恶的大臣

在《贞观政要》中把正派大臣的态度称作“六正”，正派大臣的六个类型说明如下。

第一，圣臣是指在事情萌芽还没有开始动、形态还没显露之前，事先准确地觉察到国家的存亡和得失要点，在没有发生灾祸之前消灭掉，使君主保持光荣位子的大臣。

第二，良臣是指全心全力处理国事，每天如一日献给君主好意见，以礼拥戴君主，好的计策禀呈给君主，君主有好意见要依照，君主有过失要矫正的大臣。

第三，忠臣是指早起晚睡，勤于推荐贤明而有才智者，始终表扬古代贤人的行为，以此激励君主意志的大臣。

第四，智臣是指能够看到事情的成败，事先做好防备，立法补充，堵漏切断灾难的根，把灾难变成福，君主始终没有担忧的大臣。

第五，贞臣是指遵守法道，推荐人才处理好职务，不收受贿赂，不贪俸禄，奖赏让给他人，节约粮食的简朴的大臣。

第六，直臣是指君主愚蠢而国家陷入混乱时，不会阿谀奉承跟随上司，果断地犯上君主的怒色，当面指责君主过失的大臣。

邪恶大臣的六个态度称之为“六邪”。邪恶大臣的六个类型如下。

第一，具臣是指滥竽充数的臣子，安于官职，贪俸禄，不奉公守法，与世偃仰，发生事情只是观望，绝无自己的主观意见。

第二，谀臣是指不管君主说什么都表示赞成，君主做任何事情都表示正确，隐秘地献给君主喜好的东西，以此来愉悦君主的眼和耳朵，迎合君主保住官职，与君主一同取乐，不顾过后的隐患。

第三，奸臣是指内心充满奸诈邪恶的想法，但表面上持重，用巧妙的言语和温和的脸面得到别人的欢心，但内心嫉恨贤良的人。推荐人时，夸大此人的优点，掩盖缺点；诽谤他人时，夸大此人的缺点，掩盖优点。其结果使君主不能惩罚分明。

第四，谗臣是指巧妙地掩盖错误，用诡辩游说，对内离间骨肉至亲，对外造成朝廷叛乱。

第五，贼臣是指掌握大权专横跋扈，事事挑起是非，私自成帮结派，中饱私囊，任意伪造圣旨自我变得尊贵。

第六，蔑臣是指用华丽而巧妙的话语欺骗君主，使君主掉进陷阱，私自成立党派蒙蔽君主的眼光而不能区分黑白，泾渭不分而恶名传及全国，传至邻国。

用热忱求得，人才始终存在

《贞观政要》中春秋战国时期的人物事例较多。唐太宗是公元7世纪时期的人物，春秋战国时期是公元前7世纪～公元前4世纪，提到的人物比他们生活的年代足足早1000年到1300年以上的人物。

这才是真正的褒贬。1000年的间隔保障了是是非非的客观性。

齐国齐威王和淳于髡的故事也是如此。

齐威王问淳于髡："我的喜好是否等同于古代帝王？"

淳于髡如此回答："古代帝王喜好四件，但陛下喜好的只是其中三件。古代圣王喜好女色，陛下也喜好；古代圣王喜好马，陛下也喜好；圣王喜好奇珍饮食，陛下也喜好，但有一件不同。古代圣王喜欢贤能，但陛下却不喜欢。”

对此，齐威王说：“没有我所喜欢的贤能”。

对此淳于髡再说：“古代美女有西施和毛嫱，美食有龙肝豹胎，良马有飞突和缘耳。这样的东西在这个时代早已不存在了，但陛下的厨房或后宫还有马骥里与古代美女或美食或良驹相媲美的全都具备了。陛下认为这个时代没有古代贤人般的人物，但就像美女和良驹一样，只要带着热忱去寻找，肯定会找到的。”

是的。不是没有人才，问题是要找。春秋战国时期的故事可以铭记于心。刘备三顾茅庐，那么我们为了得到人才，需要投入更大的功力。

韩信原为项羽的谋士，但没被重用，逃到刘邦那里，汉高祖刘邦任命韩信为大将，在垓下击败项羽，成就了帝业。

如果项羽重用韩信，怎会败亡呢？到了40岁还只是亭长的刘邦，能够掌管天下的理由就是会用人。

就连百名士兵都带领不了的刘邦，任用了率领万人士兵的韩信，指挥和调动韩信，终究得到天下。项羽是能够带领千军万马的杰出的人物，但蔑视韩信，最后被韩信打败。

能够看出大臣的君主，成就君主的大臣

贞观初年有人上书给太宗，进谏除掉奸诈、阿谀奉承的臣子。

“陛下一定要伪装盛怒，试探臣子们。如果不怕天子盛怒，进谏主张自己正确者为正直的人。相反依照君主之意，在任何情况都唯命是从者为阿谀奉承者”。

但太宗指责说“我听到‘江河清澈与浑浊之根本在于水源’”的话。君主是政治的根源，万民就如同河流一样。君主说谎或做出骗人的勾当，又怎指望臣正直呢？这如同放着混浊的水源，希望小溪变清澈一样。这是道义上绝不能做出的事情。我绝对做不出考核臣子正邪的事情。”

太宗是正确的。领导正直而干净，下属也同样如此。

自古君主要有敢于进谏的7名臣子，7人是必不可少的人数。弯曲的树，按照墨线切断就会直一样，君主听取臣子的进谏就能够是非分明。因此古代圣君必须有敢于直言进谏的臣子。

唐太宗的名臣有房玄龄、杜如晦、魏征、李靖、虞世南、李勣、温彦博等，就因为有了他们“贞观之治”才有可能。看看王圭是如此评价这七人的：房玄龄勤于国务实行方面非常出色；杜如晦判断是非，解决问题的能力就像流水一样畅快；魏征不断直言进谏，君主不及尧舜认为是自己不足而内疚；李靖文武兼备，出征成为将军，在朝任丞相；虞世南是不忘自己的职责的唐代名

臣；李勣是纯朴正直的战略家；温彦博诚实地履行君主的命令传达到臣子，君主能够听取臣子的意见。

在这里《贞观政要》的核心人物是太宗和魏征。魏征一生都在进谏太宗，太宗有了过失就拍胸顿足感到难过。看到皇帝有过，痛哭流涕是忠臣及良臣。太宗直到魏征死为止留在身边，他是如此评价魏征："过去魏征是我的敌人，但他全心全力侍奉寡人，这值得称赞。因此我提拔而重用他。魏征庆幸遇上能够认出自己的君主，并全心全力辅佐了朕。魏征即使违背我意也诚实地进谏，不允许我做错事"。

魏征本来不是太宗的人，是太宗的哥哥太子建成的人。太宗杀了太子建成，叫来给太子建成献计策的魏征指责他"你为什么离间我们兄弟？"这时魏征决然回答"如果皇太子建成听取了我的话，肯定会没有今天的灾难"。

太宗被魏征的这种理直气壮迷住了，之后太宗对魏征表示敬意，叫了过来咨询他"魏征，你的罪比射齐桓公腰带的管仲大，但朕信任而重用你，这个要超越了齐桓公对待管仲之举。君主和臣子的结合又怎能如此呢？"

君主和臣子关系上齐国的齐桓公和管仲的故事非常出名。公元前齐国襄公被杀，小白和纠互相争夺皇帝位置。鲍叔牙辅佐小白，管仲辅佐纠。在战斗中管仲射的弓箭打中了小白的腰带。后来小白成了齐国的君主，就是齐桓公。桓公即位后，鲍叔牙推荐管仲为卿。桓公知道管仲就是打中自己腰带者，但任用管仲成就了霸业。管仲有打中齐桓公腰带的罪，勃鞮用刀刺破晋文公而成为仇敌。但齐桓公没有因为一把弓箭而怀疑过管仲，晋文公没把勃鞮的刀放在心里，而成为好朋友。

孟子说："君主对待臣就像自己的手足，臣就认定君主为心脏。但君主对待臣像狗或马，臣对待君主为马夫。如果君主待臣如同粪，臣待君主为敌。"

守业比创业难

《贞观政要》有创业和守业的故事。创业和守业究竟哪一方难呢？房玄龄说破了创业的劳苦，魏征说破了守业的困难。

"天下混乱，群雄争起。攻破敌人，得到降服，打胜了才仅仅平定天下。在这个原因上创业难。"（房玄龄）

"创业是上天给的，是百姓给的，但一旦得到天下，人心就变得骄慢奔向淫乱的地方。国家衰落而芜废，就始终从此开始发生。"（魏征）

两个都是正确的。但创业难，而守业更难。得到也不容易，但失去得到的就在一朝一夕。得到需要漫长的岁月，但失去是一瞬间的。

贞观四年，太宗下令重修洛阳的建园殿，张贤苏上疏进谏，列举了5项建园殿不能重修的理由。

即建官府更急，不能沿袭奢侈的风气，苦役超过百姓能力就对朝廷的怨恨熊熊燃起，不能再一次抢夺为修建城而疲惫的百姓力气，对东渡洛阳出巡本身是否正确持怀疑态度。

即使这样还要重修建园殿，其结果回到桀王和纣王的混乱局面，听到这话太宗取消了这个工事。

大的宫殿驱走百姓。建阿房宫后秦朝人曲终人散；建了章华台楚国人散了；建了建园殿隋朝百姓散了。

太宗始终把隋国灭亡的教训牢记在心里。即逼迫天下百姓按自己意图随心所欲，消耗所有的财物尽情享乐，贪图天下所有美女，只追求宫殿豪华装饰和雄伟壮观是灭亡的征兆。不断挑起战争，征兵和劳役接连不断，谗言和邪恶者享受荣华富贵，忠诚正直者被杀害，君主不像君主，臣子不像臣子的时期，以隋国灭亡作为一面镜子，想想怎样得到的天下，每一天慎重，就决不能自满。

无为之治，以得治理

贪欲带来灭亡。春秋战国时期秦惠王想征讨楚国，但山高路险想要放弃时，秦惠王雕刻了5个石牛，尾巴上挂了黄金。人们认为牛拉出黄金粪。楚国王听到这个消息，派人拉走了5个石牛。就这样去往楚国的路打通了。秦惠王就朝这个路派兵灭了楚国。

还有豪华的陵墓带来耻辱。秦始皇骊山的墓地，用水银建造了河流和海；

鲁国的季平子用宝玉装饰了尸身。但这种奢华让人知道陵墓里有可取的东西，而招来了扒开墓地的耻辱。

接连不断的胜利容易成为灭亡的信号。魏国的文侯问李济，魏国和吴国哪个先灭亡。李济说吴国。理由是吴国一直赢，赢得次数多了君主就变骄慢。

古代中国的皇帝都惧怕百姓。认为百姓如同水，能够乘舟，也能够覆舟。唐太宗说："武器泛滥的隋皇帝被百姓所抛弃。我真正的武器是使百姓安居乐业。"

火烧华丽的衣服，远离阿房宫宽敞的宫殿，在威严的大殿里担忧国家社稷，担忧简陋的房子里生活的人们。如此君主的德行自然教化百姓，达到不用强硬治理也自行自理的"无为之治"的境界。这就是以德治国的上策。

看看唐太宗与儿子李治的四项问答，就知道他为后继者也担忧，为了传授自己领悟的上策做了一番努力。

他问儿子："你知道饭从哪里来？都来自农民的汗水。农忙季节不去招募他们，就能始终吃上这样的饭。"

他又问："你知道骑马的道理吗？适时让马休息，马的力气不完全消耗，随时都可以乘上马。"

又问："你知道乘船的方法吗？船好似君主，水好似百姓。水可以载舟，也可以覆舟。因此怎能不怕百姓呢？始终以惧怕的心态乘舟。"

最后问："你知道弯树的道理吗？树虽弯，但通过墨线，能够用上笔直的木材。君主即使没有德行，但能够接受进谏，就能成为圣君。”

这也是我们自问自答的事情。

要始终如一

凡是真正的领导不应该忘掉初衷。开始优秀的人很多，但直到最后一直保持优秀者少之又少。创业时尽心尽力对待手下的人，一旦得志就放纵变得傲慢。

魏征到了人生末年，向唐太宗留下最后的忠告。太宗违背初衷的10项，一项一项指出。他最后的忠言如下。

第一，切断贪欲的萌芽。汉文帝没有收受千里马，晋武帝烧了孔雀羽毛衣。但太宗却派人去找骏马，希望能到国外寻来珍贵的东西。

第二，重新找回谦虚和简朴。最近几年太宗的心以奢侈和私欲填满，忘掉了谦虚和节约，使百姓疲累。

第三，控制自己利于所有人。陛下（太宗）与前不同，新建宫殿，担心臣子们进谏，所以说“没有新宫殿，我的身体非常不舒服”。

第四，近君子，远离小人。明面上尊重君子，实际远离他们；明面上轻视小人，实际上接近他们。

第五，回到纯朴。太宗自己喜欢奢侈和浪费，却让臣子和百姓过节约、纯朴的生活，但这是不可能的。

第六，必须严格遵守信赏必罚的原则。近来部分缘由，很轻易地下赏罚。这样崇尚道义的人越来越疏远，窥伺机遇赚取利益的小人猖獗。

第七，频繁的狩猎带来灾难，要自制。说好一年只做三次狩猎，次数增加了，以狂奔骑马当欢乐，百姓怨声加剧，凌晨出发深夜归，因此不能知道一触即发的事态。

第八，重新构筑与臣子的信赖关系。想晋见君主禀报，很难面见，对臣子的小过失，过分指责，因此君主与臣子间的礼节和忠诚削弱了。

第九，只有谦虚才能从骄傲和欲望中自拔。勤奋努力，屈伸尊重下面的贞观初期不同，太宗骄傲放纵，自负具备圣贤的智慧和聪明，轻视那个时代的任务，不应该这样。

第十，始终如一地坚持。凡事百姓称颂的理由是始终如一。

唐太宗在这样的进谏下控制自己。控制自己坚持美德很重要。差异来自区区小事。垒9仞（一仞约2.4米）高的山也被一个竹笼即竹簸箕之差倒下。为了战胜一端之差，要始终谦虚，终究应该以谦虚胜利。危机来临时不要回过头来看，而是以居安思危的精神，太平时经常回过头来看看。凡事要紧张，更努力工作，最终以谦虚取得胜利。作为领导的意义，绝不是简单的事情。

第二章

人生，顶峰就是危机的战场

人生不是赢或「输」

而是赢或死。

在其中只留下各自的捷报。

生活就是战争的历史

生在人世间，任何人都与生活抗争。所有人在其中至少一次因胜利而欢呼，也曾尝到过失败的苦酒。但不管过去以胜利点缀，还是以失败谱写，重要的是现在我们还未死，而活着的事实。因此我们承担了，记录各自“战争史”的神圣义务。

毋庸置疑生活就是战争。我们在世界的这个战场，美丽地挑战战争，激烈地应战和记录应战历史，不是单纯为了回忆过去。今天不是人生的末日，我们又要迎接明天，应该与明天拼搏前进，再次经历新的战争，应该要取得胜利。要不断取得胜利应该反复回顾过去的战争。我们回顾过去的战争，也正是因为这样的理由。

2000余年前尤利乌斯·恺撒，把自己征战过的战争，做了记录留下来了。这就是我们要研究的《高卢战争记》和《内战记》。

《罗马人的故事》的作者塩野七生说，“作为领导必备的资质是‘真诚、持久力、说服力、自制力、持续的意志’这五项。”称赞尤利乌斯·恺撒当真是具备这所有资质的人物。她称赞尤利乌斯·恺撒:“如果与他同时代出生，他是我一定想见的人物”,也是因为上述原因。

恺撒出生于公元前100年，虽说是名门，但被家族势力排挤出来。父系是有名望的贵族尤利乌斯家族，母系是有名望的平民阶层奥莱利·科塔家族，恺撒16岁时失去父亲，得到母亲的特别宠爱长大，他能够拥有作为领导最重要的品德“不动摇的自信心，均衡感，开创未来的积极性”，这一切都因为有了母亲无微不至的爱。得到母亲充分的爱而长大的孩子，就能够成长为以自信心作为后盾的大人物。还有能够果断丢弃过去的框框，能够练就向未来进军的积极性。

恺撒的人生就是这样的。他的人生即使并不平坦，但没有失去肯定和乐观的态度，他这样的性格在他自己的未来，尤其是光辉灿烂的后半生起到了重要作用。

后半部的人生，决定人一生的生活质量

20多岁已经三次凯旋，30岁年龄就被任命为总司令官的罗马名将庞培，30岁作为罗马第一辩护律师扬名的西塞罗，与这两位大人物的快速巡航相比较，恺撒到了40岁没有显现出明显的政治抱负或军事才能。

但“人生”绝不是能够单纯比较的。是长是短比一比就知道（是马是骡遛一遛就知道）的话不是随便说出来的。恺撒到了40岁才崭露头角。

日本作者守屋洋写了关于人生末年才“生活好转”的中国历史人物22人的书《男人的后半生》。根据这本书，孔子很早矢志于政治，因德高望重的名望没能如愿，过了50岁后才被鲁国录用了。

看《论语·为政篇》讲："到了40岁才没了迷惑，到了50岁才懂得了天命"。孔子其实也到了"知天命"的年龄，才成为举世闻名的人物。没有人认可时，以"不被任何东西迷惑"的决心坚持下来，过了50岁才被录用，"才知道天命"而高兴的他的独白，其实等于包含了凄惨的生活轨迹。

春秋战国末年范蠡的人生，也是前半生和后半生有戏剧性转变的人物。他是吴国和越国即"吴越之争"中杀死了吴国王夫差，为越国王勾践受耻辱的大将军。但他拒绝了越王赠送给他半个国家的好意，去齐国开垦废弃的海边土地，与儿子们一起务农，20年后掌握了天下的财富。前半生是一国的大将军，后半生戏剧性地转变为卓越的商人。

与楚霸王项羽争天下，建立汉朝的汉高祖刘邦，其实接近40岁也只是一个"亭长"，乡下最底层的官吏就是他人生的全部。与游手好闲的市井们混，到了38岁时起兵，7年后成了皇帝，之后过了7年就死了。他的后半生用时髦话说，走大运了。

辅佐汉武帝的公孙弘如何呢？他原来的职业是养猪饲养户，但过了40岁后立志于学问，60岁出仕，退职一次后再次被录用，登上了最高职位宰相的位置。即使现在60岁要重新开始人生也绝不是容易的事情，但那个时代公孙弘就做到了。40岁立志，60岁入朝，到80岁为止守住宰相位置的公孙弘可以说是大器晚成的代表人物。

就这样人生真正的胜负在后半生里见分晓。决定人生质量，其成果好坏也是取决于这个时候怎样做。根据后半生怎样生活，整个人生的质量也不同。

恺撒的后半生可以压缩成三个阶段，三个文章。

高卢战争结束阶段，恺撒接到元老院的传唤书。罗马的传唤书就意味着死亡。要么屈服元老院的权位，要么只能拼了命挑起内战。他那时决定了，他果断地喊出“骰子已经掷出了”，渡过了卢比孔河，直逼罗马。那时他51岁。之后他扼杀了庞培和其一派，征讨了小亚细亚地区，捷报传到罗马元老院，“我来了，我看到了，我赢了”，那时他53岁。

然后他站在了相当于皇帝的权力的顶点，被14位元老院议员，用刀扎了23次后，最后的瞬间看着待似儿子一样的布鲁图斯呐喊一句“布鲁图斯，连你也……”就咽气了，那时他56岁。

警惕贪财，贪色，贪名声的病

我们这个时代的禅僧性澈大师列举了男人在后半生尤其要警惕，就像病一样的三个欲望。取名“贪财病”，“贪色病”，“贪名声病”。恺撒是如何对待这三种病的?

恺撒一段时期有很多负债，借钱给他最多的人是与恺撒、庞培一起引领三头政策的克拉里乌斯。其实为了阻止负债累累的恺撒破产，只能继续支援。恺撒利用自己的负债，就等于把最大的债权人克拉里乌斯变成自己一生的赞助人。

恺撒虽然一生负债累累，但他是知道怎么花钱的伟人。他偶尔从大队长或白人队长那里借来的钱，当作慰劳金送给士兵们。这里有意思的是借给他钱的大队长或白人队长也是担心收不回来借出去的钱，尽力帮他，士兵们感激恺撒的善心，都拼死战斗。其实就像恺撒一样有效地花钱的人很少。真正的富人不是赚钱多的人，而是把赚来的钱高效利用的人。在这个意义上恺撒是大富翁。

恺撒身边始终有很多女人。即使这样从没有因女人问题得到埋怨或怨恨。恺撒没有隐瞒自己喜欢的女人的存在，他的爱情行径也许太露骨，因此就没有丑闻，甚至无数次拒绝布鲁图斯的母亲塞尔比利亚的求婚。塞尔比利亚是20多年渴望成为恺撒的女人。的确他有吸引女人的某些东西。相反恺撒对当时罗马社交界最华丽的鲜花克劳迪娅连手指都没碰一下。私生活复杂的女人不是他的荣。

性澈大师所说的贪财病，贪色病，名气病之中的顽疾是名气病。贪钱病和贪色病因为得到人们的谴责，能够清醒而试图努力。但名气病很奇怪，群众大多在面前鼓掌，背后骂，本人不知道自己得了名气病，而使事态逐渐恶化。换句话说一旦得了名气病，就很容易成为顽疾。

但恺撒不是贪图成名的小人，因此与名气病，距离遥远。

“恺撒”用迦太基话是指“大象”。这是罗马与迦太基的汉尼拔殊死战争时，尤利乌斯氏族的某个人物击溃迦太基的军队，作为功劳得到的别称。

这个名字后来传给了恺撒的继承者盖乌斯·屋大维后，在德国改称“西泽”，俄罗斯改称“查理”，后来成为称皇帝的固有名词。他的名字成为后来皇帝的象征和榜样，但恺撒绝不是名气病的奴隶。

战争，是巨大的创作舞台及创作物

过了40岁后才出人头地的恺撒在公元前59年被选为执政官，那年他41岁，与庞培，克拉里乌斯一同，实行所谓的三头政策。第二年结束了任期一年的执政官，自愿去任现在属于西欧的高卢总督。想成为罗马头号人物，拓宽罗马的势力范围，要证明自己的价值。当时名将庞培称霸罗马东部地区，剩下的就是罗马西部高卢地区。

42岁，恺撒终于带领军队去往高卢。他有真正成为头号人物的野心，只有在战争中取得胜利，才能证明最高价值，这是唯一的出路。

高卢伸向莱茵河西侧，是现在的除普罗旺斯地区，包括法国全境，比利时、卢森堡、荷兰南部，德国西部，瑞士的广大土地，归属了以日耳曼族为首的野蛮族。还征服了现在是英国国土的不列颠尼亚，两次横渡了多佛尔海峡，纵横于阿尔卑斯山脉或比利牛斯山脉，拓宽了罗马的势力范围。就这样恺撒顺理成章地成为了罗马民众的英雄。

《高卢战争记》是当时他在高卢战争的8年间的年度报告。恺撒人生的精髓完整无缺地蕴藏在这本书里。在这本书里，他没用第一人称的我，而是用了第三人称，尽量排除了感情上的主观叙述，倾向于客观正确的叙述。这在血雨腥风的战场绝不是件容易的事情。

一篇文章能表现出作者的写作水平。恺撒的文章简洁而有力，高尚明了。他的文章成为学习拉丁语的经典之作，也是理所应该的。恺撒既是出色的武士，又是卓越的文豪。

恺撒穿越生死战场充满活力的空间里，每天面对生死，做了创造性的思考。他不满足于领土的扩张，吸收新文化并传播，确立生活的新领域。对他来说战场不是单纯的场地，是创作的舞台，战争本身对他又是一个巨大的创作物。

为了生存，要果断

罗马通过恺撒的高卢战争具备了真正帝国的面貌，恺撒同时掌握了经济实权和政治影响力。同时高卢地区传播希腊、罗马文化，建立了西欧文化圈的基础。

在读《高卢战争记》，发生所有事情的8年时间，就像电光石火一样感到很快。并不只是他的文笔简单明了，有魄力。拿破仑说“男人在战场很快地成长”一样，在2000余年前，恺撒也同样，生活在现代的我们也不例外。我们也是走出战场后，迅速地老去。我们的战场就是现在21世纪的资本主义，这是让人难以喘气的市场。

恺撒渡过两次莱茵河，2000年后第二次世界大战英雄乔治·巴顿渡过这个河，进军德国时说“敌人现在因为我们陷入混乱中，但我们如果延迟72小时，他们再次重整战斗队伍，那么我们还要为了击退道路上的敌人而战斗，我们不能给敌人这个机会，因此现在要立即进行渡河。虽然迷茫必要的装备在哪里、怎样取得，但还是要取得，偷或乞求或制作，不要等到我老一天，要渡过莱茵河”。

恺撒和乔治·巴顿的共同点是“速度”上的迅速。

乔治·巴顿还说：“一整天坐在椅子上，血压下降，穿起皱衣服的军官是没必要的。用手和膝盖爬也要向着目标前进。一品脱的汗水能救出一加仑血。竭尽全力以最快的速度和战斗力前进吧。首先要果断。在战场不是赢就是死。”

关注不是赢或“输”，而是赢或“死”之意是为了生存反而要果断。这也是恺撒的故事。恺撒对待士兵或军官，对失误宽容，但对出逃、暴动，尤其对“胆怯”绝不容忍，这是领导的真面目。看看周围与之相反行动的人们，这是一同走向堕落的捷径。指责失误，对卑怯和犹豫却放一马的领导，果真能说是好领导吗?

不仅如此恺撒始终迅速判断，做出决定。行动迅速掌握主动权，使敌人胆战心惊，分散对方的兵力。恺撒这样的战斗方式被称之为“沙漠狐狸”的隆美尔将军，有极大的影响。从1942年5月26日到6月15日，历经约三周的非洲北部撒哈拉沙漠的主导权争夺战中，众寡悬殊的状况下掌握战况，在装备和补给方面显著占上风的英美联合军队给了德军一个惨痛的打击。

恺撒看到苦战的军团，抢了后防士兵的盾牌，亲自冲向最前线。稍不留神就失去性命的状况下，叫喊着部下的名字，一起并肩战斗。

士兵那里得到“与恺撒一起战斗，必须打赢”的威望也是出自这样的理由。

他藐视恐惧和危险，有敢想敢做的勇气。不仅如此从不吝啬表扬，也能够庄重而坚决地指责，如同迷途的战争中也有追求目标和方向的能力。即他是“真正会打仗的领导”。

箭已离弦，只能向前，没有退路

公元前54年恺撒的女儿、庞培的妻子在分娩中去世后，连接恺撒和庞培的纽带就断了。接着公元前53年，克拉苏在波斯的战争中战死。三头政策的一个轴倒下了。因此民众派和元老派的对立更加严重，罗马陷入了无法控制的局面。公元前52年，得到元老院支持的庞培独自登上执政官的位置，开始图谋恢复秩序，但他与恺撒的对立越来越深了。得到元老院支持的庞培再也不需要恺撒的帮助。开始寻找武装解除强力对手恺撒的方法。公元前50年，元老院要求恺撒和庞培各自遴选一个军团的兵力，远征波斯。对此庞培宣布，当时为了支援恺撒，派到高卢的自己的军团抽出来，作为远征军派到波斯。结果在高卢进行战争的恺撒要在自己麾下抽出两个军团。之后恺撒麾下抽出的两个军团，到庞培麾下，驻扎在意大利。这是为了削弱恺撒战斗力的庞培的计谋。

那年年末，元老院就两个议题进行表决。一是，“派人替代恺撒接任高卢总督继任”，另一个，“要求恺撒放弃军队指挥权”。这是彻底偏向庞培的元老院意向的议题。结果罢免恺撒案通过了表决，放弃军事指挥权案被否决了。

现在我们有必要关注这所有的事情因为恺撒占领高卢全境，罗马版图拓宽至大西洋沿岸的情况下发生的事实。元老院让恺撒解散军队，命令他立即回到罗马。如果不服从元老院的最终劝告，认定为叛逆者将其处死。

到达卢比孔河北岸的恺撒深思，结果下了如此结论：“率领军队过了这条河，这个世界就会悲惨，不过这河，我个人就悲惨。箭已离弦，前进吧，向有神灵的地方。”

他渡过卢比孔河向罗马进军。在高卢与异民族作为敌人进行了8年的战争，现在要与同族进行战争了。公元前49年1月12日，恺撒当时50岁。霍尔格·莱纳斯在《男人50岁》一书中说，男人真正的人生从50岁开始。

8年纵横高卢战场，恺撒的军队不费吹灰之力掌握了罗马。庞培和元老院议员们南下布林迪西，计划到希腊。在意大利之外掌握地中海制海权后，以西班牙和北非洲等地作为根据地，对抗恺撒。

就这样内战开始了。战争在西班牙、北非洲、希腊三个地方展开了。但恺撒和庞培你来我往难分高低。最终最后的决战在法萨卢斯平原展开了。

公元前48年当时庞培58岁，恺撒52岁。陆上交战10：3，海上交战10：2，资金能力10：2，庞培阵营客观上战斗力领先。庞培军步兵4万7000人，骑兵7000人；恺撒军步兵2万2000人，骑兵1000人。但战斗力方面2：8，恺撒的军队更出色。庞培的军队在东方惨败后，8年来没有经历过像样的战斗。相反，恺撒的军队有最近八年在高卢进行了无数的战斗而生存下来的士兵。

终于法萨卢斯平原的大战斗打响了。在客观战斗力上领先的庞培口出狂言会胜利。但结果以恺撒的完胜结束了。战败的庞培逃亡埃及，计划到亚历山德里亚。带着几名随行人员登上埃及王派来的小船上，但被埃及护卫武士杀害。判断大势已倾向于恺撒一方的埃及的宰相，指使手下砍下了庞培的头颅。

埃及人给进了城的恺撒献上了庞培的头颅。恺撒拿到一生的对手，又是女婿和同志的庞培的头颅，应该会陷入了深深的思虑吧。他郑重以礼把这个头颅转送到了庞培的妻子科尼利娅·萨恩达手里。

诱惑，自满时找来的危险的敌人

但追赶庞培来到亚历山德里亚的恺撒头上蒙上了命运的一片乌云。被克里奥帕特拉挡不住的诱惑，被迷惑，卷入了此女和她弟弟托勒密十三世之间的王位篡夺战——亚历山德里亚战争。结果在这个战争中也取得了胜利，献给克里奥帕特拉埃及王位，与她有了儿子恺撒里昂。

恺撒和克里奥帕特拉不是单纯性爱的对象。她是罗马人仰慕不已的伟大的亚历山德里亚大帝的子孙，无异于女神的女王。但还在内战中，庞培和两个儿子的残余势力盘踞在西班牙和北非洲的情况下，怎样的情况下介入到亚历山德里亚战争?

其实恺撒时代的罗马，不像现在罗马那样豪华而华丽。现今留下来的建筑物几乎是恺撒时代以后的东西。当时罗马只不过泥塑的过度肥大的村庄罢了。约75万人生活在狭窄弯曲的胡同里的用黏土粗糙地建造的房子里，传染病和贫困是频繁发生，居住环境，卫生状况都很糟糕。

在这样的情况下，呈现的埃及是从未看到的华丽奢侈和珍贵。加上自己最珍惜的珍珠溶化在葡萄酒里喝的克里奥帕特拉德迷人的诱惑，虏获了荒废的战场上身心疲惫的53岁的恺撒是很充分的。他在埃及重新发现了，能够麻痹现实感觉的浪漫的幻想和迷人甚至恐惧的晚年的热情。

《男人的美丽绝经期》的作者捷德钻石说:“男人的人生有两个高峰。要登上第一个高峰要经历‘青春期’的峡谷；要登上第二个高峰，要经过‘绝经期’的峡谷。”

实际上青春期少年和中年男性不知哪一点非常之相似。一句话完全有可能做出哭笑不得的事情。加上克里奥帕特拉德拥有“超乎想象的快乐”的诱惑武器，散发出“让人陶醉的欢喜”。恺撒与克里奥帕特拉德一同尼罗河上游览，可能是快乐和欢喜的绝顶吧。加上恺撒完全沉浸在亚历山德里亚大帝气息鲜活、讲究优雅的东方文化里。

其实庞培已经死了，但他的两个儿子和残余势力在西班牙策划新的叛乱。被克里奥帕特拉德迷住，还游览尼罗河，理性看来荒唐而无可奈何得简直是不懂事的举动。但恺撒在每日冒着死亡风险的战场生活了10年；在自己挑起的战争途中，女儿分娩孩子途中死了；因自己挑起的内战而同族互相举刀互砍；砍下曾经一时三头政策的同伴及女婿的头颅，交给他的夫人时他的心情会如何呢？

可能这也是他为了登上第二个人生高峰而艰难地通过了“男人的绝经期”吧。加上过了中年成为壮年的男子在精神上绝经期的混乱比青春期混乱更加大。因为后半人生精神上的绝经期，过去岁月积累的许许多多生活的价值和意义从根部开始摇晃了。

恺撒遇见克里奥帕特拉德，长时间杀和被杀的单调日常生活中积累的东西，连根觉得空虚的境地。拿到最大的对头庞培的头颅，在这个世界上再也没有所顾忌的了，因此他的生活很空虚吧。生活空虚得不能再空虚的时候，克里奥帕特拉德的诱惑就顺着这个空隙钻进来了。

诱惑就是自己认为最强大的时候，赢了的时候，再也没有争斗的对象时，作为更加可怕的敌人走过来。但恺撒不允许自己的50多岁献给诱惑的财团里。他没有被生活空虚中钻进来的诱惑屈服，从疯狂诱惑的美梦里清醒过来了。在这一点上甚至可以是冷酷一样伟大的人。

光荣带来耻辱

恺撒在公元前47年攻打了巴尔纳克斯军队，掌握了小亚细亚霸权的瞬间，就给罗马元老院传递了非常著名的胜战捷报，“我来了，看到了，我赢了！”。

然后在公元前45年，与庞培的两个儿子在西班牙的孟达进行了最后的战争，持续了5年的内战画上了句号。就这样恺撒不仅号令罗马，还有当时西方世界的全部。但更大的、真正的危机还在后面。

结束内战的恺撒成了独裁官（终身独裁官），事实上构筑了一人统治体制。然后一年内完成了赫赫的改革，并不是只拖延时间的改革，而是真正的改革。他实施了救灾贫民，债务减轻，殖民地建设，历法等改革，还颁布了一年为365日的儒略历（这是1582年完善成格里历，使用到至今）。

还有作为土建事业，整备城市的同时，扩大了市民权，拓宽了公职录用的范围，给陷入混乱的罗马共和制以新的气息和方向。

罗马共和制害怕使用王的称号，这被认为是一种政治禁忌。但事实上恺撒是独裁者及终身独裁官的称号，严格来说不是王，但却如同皇帝。随着恺撒名声的提高，对他的称赞声变大，担心恺撒把罗马共和制推翻的恐惧与日俱增，指向他的矛头越来越尖锐了。

当时真正的问题是共和制的无能，并不是皇帝的出现。但担心恺撒掌握绝对权力的势力们，在公元前44年3月15日行动了。出席元老院会议的他，被扎了23刀，被残暴地杀害。这里还有从高卢战场时候开始就是他的心腹及当作儿子看待的布鲁图斯。看到他“布鲁图斯，连你也……”恺撒留下了一句喊叫后，结束了一生。

那么恺撒真没有觉察到自己将面临的危机吗？元老院一半以上的人想杀死他，他真的不知道这个状况吗？

当时56岁的恺撒正筹备，亚历山德里亚大帝之后，一直不断尝试的宿命——远征波斯。恺撒就如亚历山德里亚大帝一样希望能在战场上死去。他已经把自己的生命抛到了波斯远征的伟大的梦里。比起没完没了继续的政治游戏，伤透脑子，不如在战场上迎接最后的光荣。他相信只有这个才能让自己喘口气。

因此他虽然拥有那么锐利的动物般的嗅觉，罗马元老院一半参与的暗杀企图和罗马每一个胡同里像幽灵般飘荡的煞气都没能觉察，以笑置之“警惕3月15日”的占星师斯普林纳德警告，不理睬暗算前夕有人塞给他暗杀计划的情报，也许都是因为他太深地投入到对波斯远征的新目标里吧。

这证明他深陷到某种事情上。那不是克里奥帕特拉德疯狂的诱惑，也不是对权力的贪心。恺撒想脱离的权力斗争的狭窄缝隙，重新到广阔的战场迎接自己最后的光荣。但他因为过于投入，甚至都没有意识到瞄准自己的刀尖。

你也留下永垂青史的人生捷报吧

其实恺撒知道正确的方向，即比元老院的任何人都清楚地知道罗马要前进的方向。但元老院把他当作罗马的敌人。恺撒不喜欢复杂的东西。他在10年的战争中，已经熟悉了死或活，赢或输的单纯胜负。

但世上的事没那么单纯。解决复杂的“关系”比事情本身还要累，就是这个世界！但恺撒不想被这种关系所束缚，他只希望挑战新的目标，胜负和成就。他认为波斯远征路上死了也值得，只有他能有这种想法。其实他不是贪“权位”的人，贪权位的反而是元老院的人。他们害怕恺撒登上皇帝之位，控制他们。

恺撒没有想当王或皇帝的想法，即使不是那个位子，也能够充分地完成赋予他使命的人。即不是为职，而是为成就业绩的人。因此想死在赋予他的事情中，这个赋予的事情不是在办公室，而是希望在战场上如愿以偿。

但那一天无数的刺刀，也不能砍乱恺撒伟大的梦想。恺撒梦想的伟大罗马，在他的后继人屋大维努斯手里成为了现实。

写了《罗马史》的克里斯蒂安·蒙森称赞恺撒“罗马最高的独创性天才及古代最后的天才”。不仅罗马史，整个世界历史，恺撒是最伟大的人物中的一位。他不仅是罗马第一位政治家，在雄辩、法律、建筑、数学方面也发挥了卓越的才能。但恺撒首先是伟大的武士。他在战争中成长，在战场上最闪亮。

他又是那个时代的文豪，现在还留存他的著作《高卢战争记》和《内战记》，还是拉丁语典型教本。西塞罗比喻“恺撒的文笔有脱掉铠甲的肉体的魅力”，拿破仑把《高卢战争记》当作“关于战争技术的最好的教材”，日本文学评论家小林秀雄交口称赞它是“古代美术作品一样伟大”。

恺撒到了40多岁才开始成就事业。他放弃稳定的职位，为了更大的梦想，近8年时间驰骋于血雨腥风的战场，结果回报他的，等于通知书一样的召回命令，但他没有屈服，也没有妥协。他不惜内战，抗拒不当召回。心力交瘁的漫长战争旅程中曾一时陷入诱惑中，但他没有停留在那里，而是重新站立起来，留下了新的捷报。

我们非常清楚现在要做的事情。在人生战场上为了能活下去，读《高卢战争记》，还有用恺撒的存在透视自己的事情。即冷静地审视已经走过来的自己的战场，有时指向我们的挡不住的诱惑，摆脱桎梏，像古代罗马的恺撒一样，宣布崭新的新层次的捷报。

第三章

自助，不变的人生智慧

援助，让自己变得懦弱，但自助成为世界上最强有力的力量。

天助自助之人

从现在起约150余年前，1859年查尔斯·达尔文发表了自然科学界里程碑著作《物种起源》。同一年卡尔·马克思发表了社会科学界伟大的著作《资本论》和《政治经济学批判序言》。同时贯通生活的人文学界也在那一年发表了里程碑似的著作，这就是塞缪尔·斯迈尔斯的《自己拯救自己》。

《自己拯救自己》在日本1906年，由畔上贤造翻译成上、中、下三本，得到了爆炸般的人气。在韩国1906年通过杂志《朝阳报》翻译了一部分介绍过。《自己拯救自己》是这样开头的："天助自助之人，这是长期以来通过无数人的体验而验证的真理。'自助'精神是自我开发的基础，通过人们的生活显现出来，就会成为一个国家的国力。他人的援助使自己变懦弱，但自我救助者，成为最强有力的力量。"

很多人还记得学生时期写了"天助自助之人"的句子，放在桌子前面或笔记本首页上。还背诵一样反复念叨，度过了年轻时期。

《自己拯救自己》从头到尾都是人的故事。塞缪尔·斯迈尔斯通过很多人物的经历，传达了"只有自救，才能保障个人和国家未来"的理念。推动英国产业革命动力的蒸汽机、蒸汽机车、水力纺纱机，这些都是谁发明的？制造数学测定仪，制造乐器出售过程中，后来完成蒸汽机的詹姆斯·瓦特；伙夫出身，发明蒸汽机车的乔治·史蒂芬森；理发师出身，发明水力纺纱机，引起棉纺织产业革命的理查·阿克莱特，这三个人正是自救精神丰碑一样的人物。

塞缪尔·斯迈尔斯在这本书上运用了历史、政治、艺术、科学、文化等人类活动各个领域的渊博知识。他在这里说明了，个人的幸福和安危不是决定于国家或制度，还有出身背景，而是自己救自己的精神里，即强调了决定在于如忍耐、韧劲、勤勉、诚实、正直、倾注等自救精神里。

在某种意义上，人生中最大的帮手就是“逆境”。看看临时工出身的伟大的探险家詹姆斯·库克船长；织工出身的传教士及探险家利文斯通；裁缝出身的美国总统安德鲁·约翰逊就很清楚了。

英国的肖像画家雷诺兹关于画一幅作品需要多久的提问，回答说“需要一生”。我们一生只为自己画和制作伟大的作品一样，应该过自我救助的生活。《自己拯救自己》是给许许多多的人带来能够独自站起来的意志之梦，唤起生活勇气的真正成功学的经典之作。戴尔·卡耐基，麦克斯威尔·马尔茨，拿破仑·希尔，诺曼·文森特·皮尔，史蒂芬·柯维，肯·布兰查德等成功的大师们也正是塞缪尔·斯迈尔斯精神上的儿女。

撒切尔夫人等英国首相们每次国家遇到困境时想起塞缪尔·斯迈尔斯的《自己拯救自己》，劝告国民读这本书。日本前首相小泉纯一郎在施政演说时作为“21世纪必读之书”提出《自己拯救自己》，想创造和维持富强的日本，强调说必须把塞缪尔·斯迈尔斯的精神作为基础。在日本出售了100万部以上的

《自己拯救自己》这本书被评价为“打造今天的富强日本的书”，一句话足实做到了“成就国富”教材的作用。

自助，走向成功的捷径

1812年出生于英国苏格兰爱丁堡附近的哈丁顿的塞缪尔·斯迈尔斯，他是家中11名儿女中的长子，是只能依靠自己站起来的命运。他14岁时做了罗伯特·鲁因斯医生的见习生，1829年以自己的力量进入爱丁堡大学医学部后，开始向媒体《爱丁堡纪事报周刊》投稿关于改革的文章等，向社会改革领域方向拓宽了自己所关心的领域。

1832年毕业后在哈尔顿建立了医院，为贫困的当地居民开始进行医疗活动，从1837年开始定期向《利兹时报》投稿关于改革的文章。然后第二年1838年开始干脆不做医生，正式开始了改革运动。成为《利兹时报》主编的他，首先开始全身心投入到政治社会的改革里。

终于在1840年5月，成为利兹议会改革联合会的事务总长。

但联合会并没有发挥多大的力量。他追求的理想和眼前的现实显著不同。他通过数十年的经验切实感到，只用政治改革不能消除现今到处散乱的社会之恶，不能改善生活的质量。懂得为了真正的改革，不是改革社会，而首选改革人的道理。

因此塞缪尔·斯迈尔斯一段时间完全放弃积极展开的议会改革等政治社会改革的梦。不是如同空洞回声的“社会改革”，而是强调实质性的具体的“人的改革”的重要性，开始阐明“自救”精神。

从故乡哈丁顿开始的塞缪尔·斯迈尔斯自救论的演讲，给予无数陷入挫折的人们带来希望和勇气。人们听他的演讲后，有了自助自立的自救精神，才是成功最佳的捷径。然后斯迈尔斯把当时演讲的内容汇集编撰了《自己拯救自己》。勤勉、节约、自我开发为核心的《自己拯救自己》，从1859年发行以来，翻译成许多国家的语言，传播到全世界。

斯迈尔斯自《自己拯救自己》连续写出了的后续作品《品格的力量》《金钱与人生》《人生的职责》等书。但这些只不过是《自己拯救自己》的辅助论而已。

《自己拯救自己》谈论企业家、劳动者、技术人员、科学家、发明家、军人、政治家、艺术家等人们战胜苦难和逆境，随个人成功成就人类发展的人生经历，以“伟大的为平民的伟人传”，“为万人的万人自我开发书”广为人知。又是大众自我开发书的嚆矢，还是这个领域最初的畅销书，成为英国维多利亚时代中产阶层的精神教材。

自救作为生活的具体指标

19世纪称之为丹麦中兴之父的尼古拉·格伦特，提出“爱上帝，爱邻居，爱土地”所谓的“三爱精神”，因战争和贫困陷入灰心和自叹的丹麦国民，成了火炬。今天的丹麦是北欧美丽而富饶的国家，但19世纪中期，状况是完全不同的。

当时在普鲁斯的战争中惨败的丹麦，巨额赔偿金加上交出粮仓地带石勒苏益格–荷尔斯泰因，剩下的土地只有北海和波罗的海相接的石头和沙子、杂草从生的荒地。尼古拉·格伦特为了拯救面临崩溃的丹麦，展开了“国民改造运动”。没过多久在国民们中间开始产生“我们也能做到”的希望，这样的信任成为再建经济的活力，丹麦才能够重生为美丽而富裕的农业国家。

读了内村鉴三的《丹麦复兴记》，受到很深感触的已故成川柳达永先生，在没有参考文献，很难找到稿纸的战争中，在避难地大邱，美军部队里流出来的水泥的内袋子上，写下重新建立起祖国的意志和决心的复兴诗。他通过这些，把韩国人“凡事不如意”的否定文化，改变成肯定性文化的道路上走在了前头。

1953年发行的柳达永《为了谱写新时代》的书成为战后韩国重建运动的经典著作。尤其他作为标语提出的“自救”对于之后“勤勉、自救、合作”的新农村运动成为精神支柱。就这样150年前与我们毫无相关的自救，经历了石勒苏益格·荷尔斯泰因，柳达永先生，甚至传到了我们这里。

150余年前塞缪尔·斯迈尔斯呐喊的自救精神现在也有效，甚至逾越了有效的含义，更加迫切了。但我们不知从何时开始却忘却了自助站起来的觉悟而生活。许多人不靠自己的力量，陷入到依靠他人的力量搭便车的诱惑里。这种诱惑如果蔓延，整个社会就失去了活力，丧失了前进的方向。费里德里奇·哈耶克在《通往奴役之路》一书上说，国民的福利提高，比起制度改善或社会改造，更取决于以自助精神作为基础的自我开发上。今天对于我们最切实紧迫的提案是重新扶起“自救的国民”之事。学生时代贴在书桌前面的“天助自助之人”的话并不是单纯的警句，当作生活具体目标的时代就是现在。

人格，品德的动力

1871年发行的《人格论》，近来被认为与成功毫无关系，而被对待成“人格”的价值。斯迈尔斯发行《自己拯救自己》12年后，发表了改变世界的真正的动力是人格为内容的《品格的力量》。《品格的力量》平心静气地告诉我们失去目标彷徨时，改变世界的真正的力量来自哪里。从中世纪到近代的无数哲学家和英雄的经验作为背景，告诉我们将怎样管理好人格的方法。

很多协商，重重难关过后也不出现妥协点时，并不是划时代的提案，而是被对方人格感化，找到妥协点的情况有不少。实际上越是重大的事情，最佳的提案，最好的条件也不能解决的问题，在谈判桌确认对方的人格后解决的事例往往会有。

一个国家的国力不是国家的制度，而是由国民的人格而左右的。一个国家的政府在本质上反映本国每个国民的水平。走在国民前面的政府被推到国民水平线，达不到国民水平的政府，随着岁月渐渐成长与国民水平相适应。就这样每个国民的人格就成为国格。

实际上人格是人生的冕冠及荣耀，同时是人最珍贵的所有物，是提高成果的财产。人格比财产更强大，不贪恋名誉也带来名誉，随时随地发挥其影响力。但并不是真正的人格，一出生就携带的，是成长过程中自我修炼的。

称之为美国建国之父的乔治·华盛顿以清廉和及诚实，成为美国国民的榜样。他与其他伟大的领导一样具备了智慧和魄力，但真正值得称赞的是他的气节和真诚、诚实、责任感。即他的伟大在于高贵的品性。

不仅如此某位绅士给废除奴隶制度的威锐写了一封信，尊敬他伟大的人品，给自己的儿子起了与他同样的名字。对此威锐给他回了信。

“请同时也告诉您的儿子‘为了变成想要显露的模样，始终要努力’这是的我们家族的座右铭。”

是的。人格并不是天生的，而是努力的结果。

1852年2月27日，乘坐472名男士和166名女士，航行非洲海岸的伯肯黑德号船在非洲沿岸遇难了。乘坐在这艘船上的人们喊“先救出妇女和孩子们！”任何人在死亡面前都会因恐惧而避开，但在那绝路逢生的瞬间，真正支配我们人生的不是智慧，应该是道德人格。

天才是赞美的对象，人格是信奉的对象

天才能够带来赞叹，但人格带来尊敬。天才是赞美的对象，但人格是信奉的对象。但如果天才不能成为人格的动力，反而成为人生的绊脚石，即人格的根“意志”和人格的根茎“智慧”不能结合在一起，人生也变得茫然而无意义。人格才是我们人生中最高贵的财产。因此为了最好的生活，应该倾听内心的声音，陶冶人格。

那么钻研和培养人格的最好的老师是什么？那正是“工作”。塞缪尔·斯迈尔斯说“人类真正的诅咒并不是工作，而是懒惰”。工作培养人们执行力和自制力，对状况保持冷静的注意力和适应力、忍耐力。

在同样意义上书就是装人生的宝盒，真正的读书如同读懂人一样。因此书对于上了年龄的人是朋友，对于年轻人是刺激剂。因为书能够共享伟大人物们思想的人格价值。现在我们能够接触《人格论》也是因为有书，读书是能够逾越时代成熟人格的基础。

人格价值对于可持续发展经营的企业，也有很大的启示。到目前为止企

业重视最大利润等经济价值，但为了可持续发展经营，伦理经营和社会贡献等结构的成熟应该成为基础。因为根据市场信赖，左右企业成败的经营环境下，“人格力量”成为重要的品德。

美国经济杂志《财富》通过2006年7月“撕掉杰克·韦尔奇的经营指南”为题目的新闻，提出过正面推翻杰克·韦尔奇经营7项原则的新的经营原则。之前的杰克·韦尔奇的经营7项原则如下：

①扩大规模，才能掌握市场；②在市场上必须成为第一或第二；③股东价值是第一位的；④看内部，以结构调整，建立更轻便敏捷的企业；⑤培养自己人，重用A级人才；⑥聘用有魅力的CEO；⑦尊重和膜拜能力。

但《财富》杂志提出的新的经营7项原则如下：

①比起规模，更重视敏捷；②抓住市场的空当，创造新东西；③客户是上帝；④看看外面；在外提高企业的收益性；⑤聘用有热情的人；⑥聘用有勇气的CEO；⑦尊重和膜拜灵魂。

在这里我们有必要关注“尊重和膜拜灵魂”的第七项。只尊重能力的时代已经过去了，现在是要求信任经济，伦理经济的时代，单纯做好经营的CEO是不充分的。现在的企业需要不仅感动一同共事的人，甚至能够感动顾客的，具备“灵魂领导力”的CEO。

斯迈尔斯强调为了具备优秀的人格，应该不断训练，战胜和克服诱惑。打造人格是需要一生做下去的作业。

人格不是单纯的信任，是具体的习惯及具体的力量。具有好习惯，就能够培养人格的力量。自我尊重、自己拯救自己、勤勉、投入、诚实等不是信任的习惯、不是品德的人格。幸福是为了幸福而努力习惯的产物，成功也是为了成功而努力习惯的产物。

人格在小的习惯里也露出其面貌，尤其在花钱的习惯上能明确地看出人的度量。斯迈尔斯曾说“花钱的方式就是人格”。根据怎样花钱能够判断是否为人宽容、为人慈悲、为人公正、为人正直、为人有无准备。例如，拥有的钱并不多，但有合理使用的人；相反拥有很多钱，但不能合理使用，被指责贪婪或吝啬的人。

斯迈尔斯不是说“无条件勒紧腰带”式“寒酸”，用合理会花钱的“节约”联系了人格。这是他后来执笔的《节约论》的预告。

节约，建立生活秩序

斯迈尔斯1871年因脑出血，有一段时间停止读写而休息。他通过刻苦的康复重新站了起来，执笔了《节约论》和《义务论》。发行《节约论》时，他如此说了英国的现状：“产业革命之后英国积累了过去无法相比较的财富。银行黄金溢出，大英帝国历史上从没有像现在这样粮食过剩的时代。钱也没有像现在这样多过。制造业没完没了地生产出产品。蒸汽机不停止地强有力地运转。即使这样贫困阶层非常之多。让人担心的是随着国家的富强，国民的贫困也一同并肩走下去。悲惨黑暗的背景下，依靠着奢侈和安逸。

斯迈尔斯在扭曲的英国社会，想体现真正生活的秩序。他继《自己拯救自己》和《人格论》出版4年后，发表了《节约论》就是为了这个目的。对他来说“节约”意味着“生活中有秩序的状态”。英国因急剧扩大的社会财富，不论个人还是社会正面临失去秩序、丧失均衡的时代。富人和穷人、资本家和无产阶级之间的两极分化加剧，阴阳明显分离的时代，换句话说只有财富积累是最大目标的时代。

现在的我们也同样。现在的我们积累了比当时英国，与过去难以比较的大量财富。不知去往何处的金钱晕头转向地徘徊在这个世界，同时贫困的阴影也降临在这个世界里。一方面追求更多的丰饶，另一方面就连生计的一个安全装置都没有而被社会抛弃，迅速走向两极化时代。

对两极分化的原因有很多争议。一方面作为依据，提出70~80年代不均衡的压缩成长和外汇危机的后遗症，另一方揭短过去几年土地、商品楼、股票等资产价格暴涨数十倍的政府的失败。但现在并不是追究转嫁责任而死缠恶斗的时候。尽快清除两极化的阴影，建立均衡的社会、健康的社会才是首要的任务。不需要无济于事的下乡平均化，需要体现自救精神，恢复秩序和均衡的更加治本的处方。

就像斯迈尔斯强调的一样，对于个人还是组织，为了生活的秩序，必须要

“节约”。有钱的人要克制开销；没钱的人不要嫉妒有钱人，而是通过节约，自力更生，建立自己拯救自己的基础。斯迈尔斯写《节约论》的理由是，为了改造核心自己拯救自己，需要节约之具体的行动纲领。

节约是必要的时候才花，剩下的就要看储蓄的态度，这不同于穷酸。当然没有钱，还装有钱的乱吹也是与节约相克的。节约是指有钱但知道节制，把钱用在该用的地方。《节约论》不是为了吝啬鬼而写的，是教怎样花钱，才是正确的道理。通过这些个人、社会，重新构筑生活秩序，而写的书。

有钱也不乱花，用在适当地方的人，有他自己特有的气度。还有有钱但知道爱惜的态度又是一个“人格”。就像斯迈尔斯说的，人的品行中最有价值的宽容、慈悲心、公正、正直、准备性等都取决于怎样花钱。相反最差的品行，贪欲和吝啬、无节制、放荡来自不会花钱。

今天的我们对节约有所生疏。消费成为“美德”的时代，被误认为潮流。再加上对于挣得极少，连一块铜钱也要贴补生计的人们来说，节约听起来是道德上的奢侈。吃饭都困难，还要节约为准备自救打下基础，听起来就像不知道人情世故的局外人的训斥一样。但这是忽视了节约具有的力量。节约引导人有价值地使用财富。不节约的富人，不是真正的富人。越是富人节约的效果越大。贫穷人的节约是生计问题，相反富人的节约是成长动力的储备问题。节约就是不仅能够让个人富裕，也是国家繁荣和扩散福利的唯一的资产。

节约是识别的女儿、节制的姐妹、自由的母亲。为了找回丧失的生活的均衡，而进行的本能的自愈的活动、实质性的生活运动。节约看起来非常宏伟，但其意思不同，实践非常简单。就像斯迈尔斯所说的一样“花的比挣的少”就可以了。国民年金（养老保险）或保险等制度或装置完全保护我们生活是有限度的。不节约的人没有未来，总体来说节约包含了有备无患的意思。印度《婆罗门经典》也记载“父母不是教儿女生意，而是教节约”。今天拿出出版已经有130余年的《节约论》，应该重新读此书的理由也正在这里。

节约的领导，其形象也是美丽

有一次中国国务院总理温家宝的旧夹克成了话题的焦点。

一位叫“老旗”的网民有一天在大众网络上读了温家宝总理2006年访问山东的新闻，觉得他穿的夹克很眼熟。11年前的1995年温家宝总理访问山东寿光一个农村菜市场时，在那个现场与总理一起照过相的人。结果拿出来当时与温家宝一起照过的相片对照一看，果然是11年前访问寿光时穿过的那件衣服。确认这个事实后他把这个新闻和照片一起上传到网上。就这样温家宝总理的旧夹克，通过网络引起了轩然大波，感动了13亿中国人民。

事实上温家宝总理视察时，总是穿着褪色的绿色夹克。打开“新华网”新闻网站上的民情视察照片一看，1995年冬天、2004年1月和2月、2005年12月、2006年1月等共12张照片里，温家宝总理都穿着褪色的绿色夹克。温家宝总理的旧夹克让中国人民对艰难生活得到了小小的安慰，还有生活在这样领导带领的国家，抱有了希望。

当时中国正经历比韩国更深的两极分化。在这个时候一位领导节约的形象抚慰了生活中奋斗的人民，给了他们更加对美好生活秩序的希望。这正是节约领导的力量及节约的美德。

实际上一个国家的财富，与领导的节约并不无关。再看看已经去世的前美国总统杰拉尔德·福特访问韩国时的故事吧。当时前总统福特下榻朝鲜宾馆，当时在宾馆地下洗衣部熨衣服的人们看到他的衣服着实惊讶了，西服裤子有个洞，上衣内衬开线了。宾馆洗衣部无论如何也不能就那样熨，就缝了之后熨了。前美国总统福特不仅是富强国家的总统，他本身也是巨富，这真是不能不让人惊讶的事情。

已故前总统朴正熙的趣闻轶事也很出名。给他理发的理发师对他的节约作了这样的证词，“一想起他心很痛。理发的时候看到他的衬衣旧的脖领部分都破了，就像蛀蚀一样到处是小洞洞，腰带也好像用了好几十年似的，皮子掉了两三层，绽开得铅笔也能够进出”。

不管怎么说前总统朴正熙也是习惯节约的人，他为了节省厕所的水，在青瓦台自己使用的座便储存桶里放了一块砖头，在他死后保安调查组发现后，一时成为焦点话题。

已故现代名誉会长郑周永的节约习惯也值得一提。他一贯只穿着春秋服。

冬天西服里面穿着内衣忍受寒冷。喜欢山，因此经常爬山，但就一条登山裤，补了又补，与脚夫的裤子没两样。他的三双皮鞋一直换鞋底，穿了30年。甚至为了防止磨鞋底，在鞋底上钉了鞋钉。去世后，他的皮鞋公开了，皮鞋的两侧大母脚趾的位置上各有一个洞。

不仅如此，已故郑周永会长生活了30年以上的青云洞私宅里的沙发都用了20年以上，皮子都磨破了，椅子和桌子的木材都掉了漆，修理的痕迹随处可见。他的家里连常见的画或装饰品都没有。电视别说壁挂的，也不是现在常见的大型显像管电视，是17英寸的小型电视。这些摆设让人怀疑这里果真是大韩民国最大财阀生活的居室。

算得上世界四大财阀宜家的创始者英格瓦·坎普拉说“节约一元就等于赚了一元”，亲自开15年的二手车，去海外旅行时始终坚持坐经济舱。笔记用正面用过的纸，购物也是小区超市进行促销的时候才买。但他是联合国儿童基金会的最大的赞助人之一，在他居住的地方艺术学校慷慨捐献。已83岁的坎普拉拥有世界32个国家的200多个店铺和统领了9万多名员工，只《财富》推算的财产用韩币换算，达到约27兆韩元。他是继微软会长比尔·盖茨，投资能手沃伦·巴菲特，墨西哥的卡洛斯·斯利姆之后的世界第四大富翁。但他说“我为吝啬鬼的口碑感到自豪”。他又果断地添加了一句“我只是遵守我的原则和公司的规则”。

没有节约就很难成为真正富翁的人，节约有多大的威力没必要另外说明。

节约不是用嘴，而是在生活实践中发挥其力量。

应该教1美元的价值

克林顿政府时期，曾任国务卿的希拉里·黛安·罗德姆·克林顿在晋升大学之前，在女人内衣卖场工作过，每小时赚1美元。她坦白地说绝不会忘掉第一次赚兼职费的那一天。

著名的未来学者阿尔文·托夫勒说十多岁时他在纽约布鲁克林洗衣所工作过。那时他每天的工资只不过能够买气球泡泡糖。但他说因为忘不掉那时的经验，才能有今天的自己。

房地产大亨唐纳德·川普强调给孩子们“教1美元的价值”。“不教孩子1美元的价值，就等于不给饭吃是一样的”。因为不知道1美元价值的人，即使有了100万也不会用。

香港首富李嘉诚某一天到了高尔夫球场，下车时掉了1美元，他想弯下腰捡起来，但并不容易。看到这个情况，球场的员工爬到车底下，艰难地帮他把钱捡了还给他。李嘉诚马上拿出200美元当作小费给了他，然后说“不是我的钱，即使有人在家门口放了1000美元，我绝不会去碰的。但我的钱，即使是1美元也不能忽视”。

他代替自己贵重的1美元，作为对辛苦的回报付了200美元。他是比任何人都知道1美元价值的人。

义务，想参与好事情的心态

1880年发行的《义务论》是继《自己拯救自己》《人格论》《节约论》之后的塞缪尔·斯迈尔斯系列的完结版。塞缪尔·斯迈尔斯眼看要70岁的人生，作为黄昏期自己完结版主题选择了“义务”。这是为什么?

他在“共同生活”的坚持里，这样定义了义务“人是与他人一起构成社会的一种存在。人不仅为自己，为了他人做好事，而是生活的存在。不管是富人，还是穷人，都有应该做的事情。引领生活最强大的原动力是想参与做好事的心态。这就是义务感”。

义务这个单词有些生硬而有负担。但塞缪尔·斯迈尔斯所说的义务是“想参与做好事情的心态本身”。他说“义务不是负担，而是喜悦。喜悦的真正源泉只能在义务的道路上找到”。他讲了，厌烦而认为苦役的义务的真正含义和美好，提出了组织和组成成员全部能够取得胜利的双赢战略。

根据全部的组成员怎样完成所赋予的小任务，就决定这个社会的未来。执行义务就是奉献。我们有对神的义务、对家人的义务、对邻居的义务、对人的义务、作为国民的义务、对国家的义务等。这些不变的义务，成为构成人格的最重要的要素。没有义务感就会被考验和诱惑而动摇，终究会倒下。即义务感是构成精神的各种要素结合在一起的黏合剂。

英国伊丽莎白女王居住的温莎城堡陈列着许许多多的美术作品和历史物品。其中有一件唯独引人注目，就是“生锈的子弹”，这是特拉法海战上击中霍雷肖·纳尔逊提督的子弹。

1805年10月21日，霍雷肖·纳尔逊提督率领的英国海军，在西班牙南西侧的特拉法前海上，与法国–西班牙联合舰队对峙中。以27艘组成的英国舰队比起以33艘组成的法国–西班牙联合舰队，在数量上占劣势。但霍雷肖·纳尔逊提督把对手分成了以两个国家组成的敌阵，采用首先集中击破其中的一方，再攻击剩下一方的战略，取得了大胜利。敌人强大时，把他们分成两部分，集中攻劣的，这就是所谓的“兰采斯特法则”诞生的一瞬间。

但在确定胜利的一瞬间，受到了敌人的狙击。他坚守在自己的岗位，留下“感谢神，我尽力了”的遗言，战死了。温莎城堡里保管的生锈的子弹里，直到生命的最后尽了自己全部义务的霍雷肖·纳尔逊提督的斗志和高贵的精神，浓缩在里面。

就这样完成义务的人，才是英雄，能够成为伟人。这个义务感来自人格。义务感不是被迫的感情，而是欣然想做的感情。如果没有义务感，苦难到来时容易倒塌。但真正的义务感，会坚持和突破。

美国西点军校的校训是“义务、名誉、祖国”。与拿破仑在滑铁卢战役对决的惠灵顿公爵或乔治·华盛顿，霍雷肖·纳尔逊提督的座右铭都是“忠实于义务”。

发明蒸汽锤的詹姆斯·内史密斯说过“先尽义务，然后享受”。关于“什么是义务”的提问，大文豪歌德回答“每一天生活中，自己应该做的事情”。

真正体现匠人精神的伍德坡绝不允许出现质量不好的陶瓷。他说质量不好就像撒谎一样，如果出了不满意的产品，毫不犹豫地打碎。不是最好，就绝不容纳的姿态，即“完美的冲动”也是来自最强的义务感。

这是2003年7月25日上午9时许，首尔永登浦站台发生的事情。去往釜山的新农村号列车进站的瞬间，有一个孩子过了安全线冲进里面，在这个危机情况下本站站务员金行俊飞身把孩子推到安全线外。但他自己却因失去身体重心掉进站台里面，列车车轮压碎了他的脚，这是瞬间发生的事情。在医院急诊室恢复意识后他的第一句话是“孩子怎样了”。尽管全国国民都赞美他，但他却说只是做了应该做的事情而已，坦白了自己的立场“不管谁在那种情况下，都会那样做”。

事故发生时他作为永登浦列车运营站长已经在铁路局上班了25年整。他的工作是上午9点到第二天上午9点，工作24小时，但下午3-4点之前从没下过班，职业意识特别强，有责任心。他让人联想到浅田次郎小说《铁道员》里，那个穷乡僻壤的简易火车站直到死的那一瞬间，默默地坚守自己的位置，尽自己义务的佐藤乙松。

他被截断了腿，安上了假肢后复职，重新工作了。重新回到工作岗位，他的每一步的重量与以前是截然不同了。虽然比以前身体上不方便，但更多的人在他的每一步中，得到希望和感动。金行俊带上假肢参加了短程马拉松比赛，又一次带给人们感动。还有韩国棒球公开赛上，带着不适的身体登上投手板上投球，感动了观众的心，与其他的残疾人一起登上了非洲最高峰乞力马扎罗山，成为人们的希望。我们要记住竭尽义务的领导，才能感动其周围的事实。

让最优秀的命令支配生活

美国新奥尔良的一个墓碑上刻着这样的一句话：“自救、人格、节约、义务的努力是我们存在的条件。时间就是金子，就连一分钟也不要浪费，做出相应的价值。就像希望别人对我做出什么一样，也对别人做。今天的事情不要推到明天去做。自己能做的事情不要推给别人。不要贪别人的东西。不值得关注的小事情上，不要绊住脚。没有的东西，不要答应给。不要花，而是要制造。让最优秀的命令支配生活。生活中多做点有用的事情。简朴、勤勉、光荣地活着。直到生命的最后一瞬间也要工作。”

真正的领导是认知自救、人格、节约、义务为自己存在条件的领导。塞缪尔·斯迈尔斯为了更好的未来，至少用了二十年时间完成了《自己拯救自己》《人格论》《节约论》《义务论》。过了150余年后的今天，对于渴望更好未来的我们，他的书再一次发挥了价值。

《自我拯救自己》的成功法则

1. 投入造就成功

看看陶艺三大名匠法国的伯纳特·贝利希、德国的约翰·弗里德里希·波特、英国的约翰·斐拉克曼吧。贝利希刻苦努力制造了神秘的釉料，约翰·弗里德里希·波特制造了有灵魂的陶瓷，约翰·斐拉克曼不是最好就不制作。即使是擦皮鞋，要成为最好，才是最重要的。诚实的劳动，才是最好的老师，辛苦才是最好的教育。约翰·福特斯曾说过：“天才是给自己隐藏的可能性上点火的力量。”即把热情燃烧之意。柏克也在自己的力作《法国革命论》完成之前，没有失去不停歇的热情。他因事故经历了草稿被烧光的事件，但没有气馁，从头开始重写原稿，终于留下了不朽的著作。

2. 没有偶然，机会只留给准备好的人

爱德华·詹纳给自己的儿子注射三次牛痘疫苗，发现了天花的预防方法，即发现了牛痘接种疫苗法。之后数次去找协会，说明自己的发现，但没有人关注。但詹纳对嘲笑和非难没有放弃，结果人类用他的牛痘接种疫苗法，可以从天花中解放出来。

美国的雄辩家亨利·克莱说：“我成功的秘诀只有一个。从27岁开始很长时间，选了历史书和科学书，每天反复地大声朗诵。有时在玉米地里，有时在林中，还有时在偏僻的棚子里以马牛作为听众练习即兴演说。设计我的命运，前进的刺激剂正是练习本身。”

3. 学习和开始，始终没有太迟的时候

考古学家威廉·亨利·霍尔姆斯到了50岁才开始研究学问。本杰明·富兰克林也是到了50岁才开始投入到自然科学的研究。作家乔万尼·薄伽丘35岁开始了文笔活动，蒸汽机车成功者詹姆斯·瓦特原来做机械制造工，为了读机械科学方面的书籍，到了40岁，才开始学习法语、德语、意大利语。作曲家亨德尔开始发表名曲的年龄是48岁。

第四章 好奇心，造就天才的感觉肌肉

把铁棒磨成剃须刀的刀片一样
变成锋利的感觉的肌肉，
最重要的是以好奇心武装，才可以发达。

天才中的天才，列奥纳多·迪·皮耶罗·达·芬奇

挑起灵感，为了组织起来这些灵感，使用全部大脑的技巧和方法称之为思维导图。开发思维导图的托尼·布赞和雷蒙德·基尔曾调查并发表了有关历史上10位伟大的天才的文章。

第10位是发现相对论的爱因斯坦，第9位是建造巴台农神殿的建筑家及制作了宙斯像和雅典娜女神像的雅典的雕刻家菲狄亚斯，第8位是征服者亚历山德里亚大帝，第7位是《美国独立宣言》的主要起草人托马斯·杰斐逊，第6位是发现万有引力的艾萨克·牛顿，第5位是画了《创世纪》的绿色文艺复兴时期巨匠米开朗基罗，第4位是《浮士德》的作者约翰·沃尔夫冈·冯·歌德，第3位是建造金字塔的人们，第2位是大文豪威廉·莎士比亚，那么光荣地占据第一位是谁呢？就是引领文艺复兴期的艺术家列奥纳多·迪·皮耶罗·达·芬奇。

列奥纳多·迪·皮耶罗·达·芬奇既是画家又是发明家、军事技术家、解剖家及科学家。他在各个领域取得的成就都非常惊人。

作为画家达·芬奇是以风景画为主题的第一个西欧美术家，改变了当代美术界的潮流。他使用了油画颜料，引进了远近法和明暗对照法等。不仅如此发明了飞的机器，直升机、降落伞、折叠的梯子等，又是发明自动化感念

的发明家，还作为军事技术员制造了装甲车和机关枪、迫击炮、导弹、潜水艇模型。

同时他作为解剖学家第一个断面画出人体各部位的画家，前所未有地研究子宫里的胎儿。又是包括哥白尼、伽利略、牛顿、达尔文等科学发展史上的伟大的试金石一样的科学家。一个人平生所做的事情纵横驰骋，非常之广泛的活动范畴，令人难以想象。

达·芬奇的大脑里装着旺盛的“好奇心天国”。我们读读1482年达·芬奇写给米兰诺君主卢多维科·斯福尔扎的信吧，我认为古今中外没有比这更出色的自我介绍了。

“我有简单搬运东西的非常轻而坚固的制造机器的计划案，包括攻破城堡的梯子等无数用于攻击的工具的制造方法。我可以推倒任何城堡和要塞。可以制造比如拥有惊人威力的战舰，对于敌人任何攻击也毫无损伤的有盖子的坚固的战车。这个战车载着炮兵杀入敌阵，再怎么强大的大军瞬间击退。不仅可以制造大炮、迫击炮、炮车，根据情况攻防兼备的各种武器。为了不被敌人发现，在地底或河底打通坑道等通过秘密通道的方法。不仅如此也可以制造用青铜制作的雕刻像，也可以画画。我的作品与任何美术家的作品相比较，有显著的差异。我尤其想制作青铜骑马像。这个骑马像能够成为阁下的父亲皇太子和优秀的斯福尔扎家族永远回忆的纪念物。”

真正的巨作就是达·芬奇的笔记本

就像很多名流那样，对达·芬奇的行迹也有不少矛盾和悖论。他是同性恋者，又是素食主义者。反对战争但设计出各种军事装备，拿到订单后很少能够完成制作。实际上《最后的晚餐》《斯福尔扎骑马像》等许多作品都是未完成品。

还有熬夜熬了好几个夜晚解剖人的尸体，还赞不绝口地说“无价值的人所拥有的这个身体是非常优秀”他是充满好奇心的人物，笔记本上记录东西，用其他人很难看的“镜子字体”，用镜子照了字才能看正。他是个把字写反的奇怪的男人。

很多人认为达·芬奇的巨作，就数《蒙娜丽莎》和《最后的晚餐》。但真正的巨作另有其他。是什么？就是笔记本。

列奥纳多·达·芬奇的笔记本上内容很丰富，不仅有烹饪法和笑话、寓言、当代学者的思想、资金的出纳明细、信、随想、预言、发明计划稿和乱涂，还有解剖学、植物学、地质学等有关的例证，相当于今天直升机的飞机模型的设计图和降落伞、折叠梯子、旋转舞台的设计案、水利运转的闹钟和运河系统上使用的水平水车、工程机械和起重机、联装炮和装甲车及坦克、潜水艇的原型设计等。

达·芬奇顾名思义就是八面玲珑的人。充分发挥能力的文艺复兴期他是核中之核，就如同磁芯一样的人物。难以相信是人能做到的地步，他在各个方面发挥了聪明才智。达·芬奇的笔记本现今还被评价为“思维导图”（心智图）的原型。思维导图的创始人东尼·博赞看到达·芬奇的笔记本，在他的笔记法上得到灵感而开发了思维导图。

列奥纳多·达·芬奇作笔记的时候，拒绝排行写的传统方式。这是今天普遍的记录笔记的方式，但实际上这是抑制我们大脑的自然表现的方式。达·芬奇立体地记录，他通过自己独特的方法记笔记，展开左右脑同时运用的全脑思考。他通过笔记本和笔记，叫醒了在自己心理沉睡的情感和智力方面的巨人。

根据1981年诺贝尔医学奖受奖者罗杰·斯佩里教授的研究，人的大脑分左右脑。左脑进行数学和分析思考，右脑进行直觉与丰富的想象力思考。但左右脑同时使用的全脑思考的人并不多。达·芬奇是可以使用全脑思考的具有代表性的文艺复兴期的人物。这个全脑思考就是“都像达·芬奇一样思考”，为了创造真正天才的发达感觉肌肉的核心要素。

达·芬奇，看看他生活中的无限活动

达·芬奇直到67岁为止，寻找支援者来往于佛罗伦萨、米兰诺、罗马、法国等地，不停地寻找活动的舞台。简单追踪一下他的一生。

第一佛罗伦萨时代（1466~1481），是指达·芬奇出生后到29岁之间的时间。列奥纳多·达·芬奇的原名是“芬奇·列奥纳多”，起这个名字是他出生在文艺复兴的发源地意大利佛罗伦萨近郊芬奇的市郊里。他是公证员的父亲和平凡的农夫之女母亲之间所生的私生子，没受到正规学校的教育，14岁时在安德烈·德尔·委罗基奥的艺术家手下做门徒，20岁时完成了学业。加入到药剂师、物理学家、艺术家们的团体圣路克协会，因为不加入这个协会就不能进行艺术活动。天使告知耶稣的母亲玛丽娅以姑娘的身子怀孕的叫做《受胎告知》的著名作品就是这个时期作品，是一幅现实主义作品，现在保管在乌菲兹美术馆里。

到了30岁他离开了佛罗伦萨，去了米兰。当时佛罗伦萨的实权人物是美迪奇家门的洛伦佐，是精英主义者。没有受到学校教育的达·芬奇很难被美迪奇家看中。

相反米兰诺的实权派是与美迪奇家门对立的斯福尔扎家门。达·芬奇第一米兰诺时代（1482~1499）是从30岁直到47岁。画出《最后的晚餐》的达·芬奇30岁时得到斯福尔扎家门的援助。给卢多维科·斯福尔扎的父亲弗朗切斯科·斯福尔扎制造骑马像。但很可惜这个骑马像没有完成，因为倒入模具框里的青铜被卢多维科·斯福尔扎卖给别处。就这样在米兰诺滞留了18年，达·芬奇作为美术家、城市规划家，还有水利工程的监督官活动，同时留下了人体解剖的研究和有关光和影子的许多研究成果。

1502年发生了一系列事件。斯福尔扎家族被占领米兰的法国军驱逐了。失去援助者的状况下，达·芬奇只能回到佛罗伦萨。在那里遇见了新的统治者切萨雷·波吉亚，成为他的军事顾问。1506年这个新援助者被驱逐，达·芬奇投入到各种军事机械的制造上，成功制造了攻城机械和坦克等各种军事机械和筑城技术等。这个时候正是他的第二个佛罗伦萨时期（1500~1506）。

当时他与马基雅维里建立了友谊。51岁时画了《蒙娜丽莎》。这个画的原型被传说是麦当娜·玛丽娅，但正确的出处不清楚。他对飞上天空有了好奇心，研究了鸟和飞行器。他认为：“鸟是按照数学的规则活动的机器。人类能够制造出具备所有鸟运动力的机器。”

之后达·芬奇被任命为路易十二世的宫廷画家，重新去往米兰。这正是第二米兰时代（1507~1512），采用远近手法的作品《岩间圣母》诞生的时期。这个时期达·芬奇在路易十二世的监护下开始致力于制作科学研究笔记。

之后的1513年去往罗马。得到了教皇十世的弟弟朱利亚诺·德·美第奇的强力的支援。所谓的罗马–昂布瓦斯时代的序幕（1513~1519）。但这个新的援助者3年后离开了人世，达·芬奇重又去了法国，得到继路易十二之后的弗朗索瓦一世的援助，在法国昂布瓦斯的地方活动，67岁结束了一生。他的遗体安葬在昂布瓦斯城堡中的克鲁克斯庄园。

达·芬奇同时代的人当中有很多像他一样著名的人物。画了《维纳斯的诞生》的桑德罗·波提切利比他年长，是他的同僚及朋友。克里斯托弗·哥伦布比达·芬奇早一年出生。他寻找新世界出走的时候达·芬奇在米兰工作。但丁的《神曲》是达·芬奇20岁的1472年发行的。科学家及地理学家托斯卡内利也是与达·芬奇有很多交流的关系。不仅如此达·芬奇与切萨雷·波吉亚是朋友，为他做了一年的军事顾问，还通过切萨雷·波吉亚与《君主论》的作者尼可罗·马基亚维利也成了好朋友。《君主论》是达·芬奇死了4年后的1515年发行的。

主张地动说的尼古拉·哥白尼比达·芬奇小25岁。米开朗基罗也是同时代的人物，但他曾中伤过达·芬奇。费迪南德·麦哲伦在达·芬奇死了6个月后进行了环球航行。还有比达·芬奇小30岁的拉斐尔从他的作品中得到了灵感，宗教改革者马丁·路德·金和预言家诺斯特拉达姆士也生活在同一时代。世界史上杰出的人物在各自的领域割据时代，在这个正中央鼎立着达·芬奇。

支配记忆的是记录

在前面也讲过达·芬奇为了记录稍纵即逝的灵感或观察始终携带着笔记本。1519年4月23日达·芬奇去世后，这些手稿就到了他的老朋友及画家弗朗西斯科–梅尔奇的手里。达·芬奇物质上和知识遗产的管理者梅尔奇，达·芬奇咽气后，到法国的克鲁挑选了巨匠的遗物，在那里找到了约1万3000块的手稿。一部分用绳子和彩带绑着，剩下的以皮革装帧保管着。

梅尔奇打算整理这些手稿，去了米兰附近的Bapeurio，自己祖先的领地里。但这些手稿没有体系，是用要照镜子才能看到的反向暗号文字写成的，因此整理很困难。结果雇佣了两名专职书记员还是力不从心。

1570年梅尔奇死后，达·芬奇的遗物传给了他的独生子奥拉奇奥。但奥拉奇奥对遗物不感兴趣。对此有关心的反而是奥拉奇奥的家庭教师雷利奥贾巴雷蒂。贾巴雷蒂把13卷分量的手稿卖给托斯卡或大公。听到消息的收藏家们纷纷找来奥拉奇奥，结果手稿被分散，有一部分成为英国王家的收藏品保管在温莎城堡里，一部分经过贵族和教廷的手，分散在意大利、西班牙、法国等地。

他的手稿现存7000多页。有的人说5000页，根据学者的考证还剩下达·芬奇留给梅尔奇的分量的约一半。其中称之为“哈默锤”的36页手稿，1994年11月通过纽约的佳士得拍卖会，卖给比尔·盖茨3000万美元，成为人们的话题。比尔·盖茨花巨款购进达·芬奇的手稿，也许是给世人证明自己也在为继承达·芬奇精神体系而做出行动吧。

最有名的笔记本是收录1222项记录文、1700余个素描的402页分量的“哈默手稿”，现在保存在安布罗斯博物馆里。还有17世纪热情古董收藏家阿伦德尔公爵收藏的“大西洋阿伦德尔”的566页分量的手稿现保管在大英博物馆。

此外，经Assyubanam伯爵经手的“哈默Assyubanam1，2”和米兰的Teuribureureef家族保管的“哈默Teuribureureef”还现存。“哈默Assyubanam1，2”是最近才发现的手稿，是1965年在西班牙首都马德里国立图书馆发现的。在这里含有达·芬奇在米兰的活动和各种机器装置的制图，青铜骑马像的设计图。

我们也经常使用笔记本，并记录。但只是写得很工整，多数不打开看。记了笔记后正需要的时候，不知道“放在哪里了”到处找的人也很多。当然开会了，也有人一字不漏地把听到的密密麻麻地记在笔记本里，也有人担心留下痕迹今后成为祸害，干脆什么都不记。

但支配“记忆”的是“记录”。未整理的也要原封不动地记载每一瞬间的想法和声音、感受，这些也会成为未来的资产。500年前记录下来的达·芬奇的手稿，也像是包含了我们的今天和明天一样。

铁杵变刀片，这个努力造就天才

达·芬奇把自己的世界变成“好奇心天国”。也许他是人类历史上好奇心最多的人。但好奇心多，也不会都变成像他那样。重要的是把好奇心编织后，在那里融进思考和构思的活力。

达·芬奇以艺术家细腻的感受作为基础，不停地观察探究时，不论在对象内在构造，还是整体气氛，都运用了能够分析掌握的科学家的眼光。他上午学习力学、光学、数学；下午整理得到订单的雕刻像和美术品；夜晚为了观察解剖，拿起了外科用手术刀。是艺术性天才和科学性天才融合在一起的“交叉型天才”。

他被现在普遍实用的远近法迷住，独自进行了研究。得出了离眼睛越远，事物看起来小、颜色变模糊的远近法的三个性质，达·芬奇把这个性质反映到自己的作品里。还作为解剖学的先驱者，把人作为宇宙的模特进行观察。

“地球的肉是土，骨骼是形成山的许多石头的排列和连接，软骨是石灰石，血是泉。心脏里的血沟是海，呼吸和脉搏是能够让血液向上向下流动的如同地球的退潮和涨潮一样”。

他在解剖佛罗伦萨某一老人的尸体，从6个角度画老人肩膀的时候，发现了三维排列方式。他在笔记本上这样做了记录。

“胖了，也绝不长肉的部位是哪里？”。

“人瘦了的时候，瘦得不严重不显眼的部位是？”

“长肉部位中，最多的长肉部位是？”

“人的肌肉中最厚，最鼓的肌肉是哪一块儿？”。

他会立体地看对象，没人认为能飞的时候就想飞。他提出了飞机的模型，就是模仿蝙蝠的“飞行机械”，还构想了称作“空中螺丝”的直升机的原形。

不是用铁杵，而是变成刀片自我督促。

“委身于懒惰和傲慢的天才们。他们失去了刀片一样的闪光和锐利，就只能以毫无意义、毫无用处的铁杵生活下去”。

没有刀刃的铁杵连纸都不能切断。达·芬奇把自己体内的铁杵磨了又磨，自我磨成像刀片一样的人。没有天生的天才，就像他一样不断地努力，才能成为天才。

五感均衡，像达·芬奇一样思考

那么，像达·芬奇一样立起刀片思考，应该做什么？迈克尔·盖尔布介绍的“像达·芬奇一样思考的7项原则”如下：

1. 发动好奇心

好奇心是发明和发现的发电所，好奇心改变世界。

2. 以实验精神对待

实验精神是不轻视任何东西的态度，通过经验得到的知识，想实践的热情和执着，在不断的失误中学到东西的意志。

3. 打开感觉

这个感觉是指经验里赋予生命手段的感觉。立起感觉的刀片，世界也会随着敞开许多。

4. 挑战陌生

这意味着对不确定性的包容，包容模糊和悖论的意志。达·芬奇说过：“拥抱模糊，然后深入挖开模糊的真实面目。”

5. 利用全脑思考

这是指艺术性思考的同时科学地思考。换句话说，创意性思考和逻辑思维均衡开发。全脑思考结合艺术性感受和科学性逻辑。

6. 使用两手

使用两手，人体性质也和谐地形成均衡。左右脑同时使用，不仅复原人体均衡感觉，也能复原情绪、认知的感觉。

7. 始终连贯地思考

敏感地认知对事物和现象等相互间的连贯关系，并进行评价。这就是混沌的、数字化的思考方式及交叉型人的思考方式。

文艺复兴时期是五感均衡的时代。当时达・芬奇是五感均衡的第一人及最卓越的人物。他是惊人想象力的所有者，让人难以相信对广泛的领域感兴趣，不仅同时代的人，就连今天的我们也为之一惊。

现在我们通过达・芬奇，应该发现数字化时代般配的感性智能的开发方法。感觉的均衡，整个感觉的运用才是数字化时代所要求的东西。

再添加一个，达・芬奇很彻底管理自己的身体。他立了几个原则，保持了健康。看看他的原则如下：

只是在饿的时候用清淡的食物满足；咀嚼好，始终只吃做好的单纯的东西；不发脾气，避免沉重的氛围；午饭后不睡午觉；经常喝一点葡萄酒；不断顿，不要长时间空腹状态；不要拖延上厕所；做操的时候不要做大动作；经常让大脑休息，心情始终保持愉快。

极其平凡，对于现在的我们也有很大的帮助。达・芬奇正确地，单纯地理解了自己的身体和心情，即想法。

混沌地思考

人用不完自己拥有的感觉的30%。那么我们真正有多少，用自己的五感感觉这个世界呢？

称之为五感达人的达·芬奇点破了说“人们有眼却看不到，有耳却听不到，毫无感情地去摸，没有味觉地去吃，感受不到香气而呼吸”。像主张运动选手锻炼肌肉一样，感觉也需要训练。

他提出的五感训练法分为“打造内心的剧场”“倾听寂静”“芳香疗法”“品味”“想象并摸索”。

达·芬奇的思考法与数字化时代的思考法有很深的连贯性。他的思考没有停滞而不断地在运动。这是五感融合的思考，全部感受的思考，从微小的发现到宇宙的思考。他在手稿上这样写了。“落在地面上的小鸟的体重，移动地球”。

如果纽约中央公园蝴蝶展翅，太平洋正中央就起台风，这是气象学者爱德华·诺顿·罗伦兹的“蝴蝶效应”，500年前的达·芬奇早就知道了。

达·芬奇的手稿随便乱画，乍一看毫无联系的字和画懒散地展开。与其说多数散开，是混浊。但我们要把达·芬奇的手稿当做系统思考的源泉。到现在为止这个时代只重视逻辑和体系的思考，这是模拟时代的思考方式，是固定观念及本身分解的思考，到了数字化时代就不适合了。

数字化时代要求的思考模式不是克斯摩斯一样的静态思考，是混浊的动态思考。这也是借用了达·芬奇的想法。达·芬奇拥有果断脱离固定观念，看起来没有互相连贯的混乱中，能够把握新脉搏的思考体系。这才是数字化时代所要求的真正体系的思考方式。

拉什·米哈伊洛维奇·卢日科夫在《与未来游玩》的书上，曾把数字化时代的孩子起名为“混沌的孩子们”。这个“混沌的孩子们”就是意味着现代化达·芬奇似人物也不为过。

要产生这样现代化的达·芬奇似的人物，基础阶段通过感觉训练，增强的感觉的肌肉和全脑思考，具有很重要的意义。

很多人只注重线形的笔记。相反达·芬奇做了立体的、三维的笔记。等于平面上构筑立体一样，用全脑思考就可以进行立体笔记。达·芬奇通过全脑思考，不断地以三维观点看事物。然后把这个想法照样在地面上画。

当然，这比想象难。要求你“把你的想法，原封不动搬到纸上吧”，大部分人会感到很困惑。只写几个字或画一个图也要把自己的想法浓缩，因此并不是件容易的事情。

因此我们也有必要模仿达·芬奇的手稿。不是单纯模仿，而是学习“他”的人。在这个意义上思维导图是能够学习他的一个方法。

我们的想法始终有很多头绪。浮现一个想法，这个想法的头绪就会失去控制地蔓延。思维导图不切断这些头绪，全部装起来。

现在在桌面上打开大大的绘图纸，画画一样想起什么就写什么吧。达·芬奇的手稿也算是天才的“涂鸦纸”而已。

我们的想法绝不像弹片一样结束。想法走向哪怎样伸展，谁也无法估摸到。一直认为没必要的想法毫无意识地切断，那么从现在开始就不要切断，完整地保存吧。然后从那里再伸出另外的分叉吧。这就是思维导图、达·芬奇的思考、立体思考及全脑思考。即使从现在开始也要制作自己的笔记本，记录自我的好奇心吧。真正的感性的领导应该有一个随时记上自己的想法，还要能够扩展自我的笔记本。

第五章

思考，诀别熟悉的东西

经过「懂得」某些知识的阶段，「感受」新鲜感
走向「塑造」有益的设计阶段
这就是创造性思维。

创造性，并不只是天才具有的

对“思维”想象看看。如果思维也有方式、有工具、有类型，我用什么方式和工具及类型做思维并构想呢？还有历史上无数的天才们是怎样思维和构想的？

细细打碎思维诞生的出发点后揭开看，是件非常有兴趣的工作，罗伯特·鲁特·伯恩斯坦和米歇尔·鲁特·伯恩斯坦在《思维的诞生》的著作里，深入研究了天才们的思维特征。

这本书是把列奥纳多·达·芬奇、爱因斯坦、巴勃罗·毕加索、马塞尔·杜象、弗吉尼亚·伍尔芙、珍·古道尔、施特拉文斯基、马莎·葛兰姆等历史上数得上最伟大的各个领域天才的构思和思考法，分13阶段分析的“创造学”的教科书。创造性人们，为了把实际和幻想、现实和想象结合，利用了13类思维的工具。这13类思维工具是观察、形象化、推想、形成模式类推、用身体想、移情、层面思考、制造模型、玩耍、变形、整合。

我们还未意识到，把这13类思维工具直观地，一次全部使用。这其中的核心是“变形”，更换对自己不熟悉的东西，视为理所当然抑或颠倒，用不同的眼光看，为了这些我们应该有条不紊地仔细地观察天才们的创造性思维。

当然他们也并不是从观察到整合的13阶段思维工具一一分开思考、实行的。仔细观察他们的作者把这些细分化后，只是为了追索他们的思维线路和创造的诞生过程。进行追索活动的两个人是一对夫妻，一位是生理学家，另一位是历史学家。他们的结合也可以看作是“通摄”关系。

结论是创造性并不是天才们才具有的。培养想象力需要学习，无论谁利用学习想象力的13件思维工具，谁就可以成为创造的巨匠。

观察，用自己的眼光看

第一个思维工具是观察。

观察是创造的基础。观察是思考的一个形态，思考本身也是观察的一个形态。世界上的所有知识都通过观察得来的。在创造性思维中没有比观察所占比重大的，这是因为动员全部五感。并不仅仅是看、听、摸、嗅、品，用身体感受都是观察。创造性思维中观察所占的比重是绝对的。

现代画家们惊人的作品不是被动地“看”，而是积极“观察”的产物。画家保罗·克利说“美术师不是表现看到的东西，而是显现某些东西”。说的是“不要只是看，而是要观察。”

不只美术是这样的。所有科学的出发点都是观察。阿基米德看到浴池冒水叫喊“尤里卡”跑出来的也是观察的结果。生化学家阿尔伯特·森特·哲尔吉通过日常的观察，发现了身体不能单独形成维生素C，而是通过食物才能摄取。不论是在森林里追逐鸟，还是田野里观察昆虫，还是岩石层里找出化石，最重要的是敏锐的观察力。

写文章也需要锐利的观察技术。画家及小说家温德汉姆·刘易斯说“素描技术对于写小说也有帮助。能够进行精密观察，训练内心的所有事情，都对写小说有帮助”。歌德、托尔金、威廉·布莱克、托马斯·哈代、亨利·米勒等无数诗人和小说家们，学习以观察作为基础的视角艺术，绝不是偶然。

著名的话剧演出家斯塔尼斯拉普斯卡说过：“刺激演员的灵感，能够成就最优秀的演员的是每一天生活当中进行的持续的、锐利的观察。优秀的演员注意观察进餐中人们的表情、姿势、使用刀叉的方式等日常细小的事情，然后在某些剧情里把这些东西演绎出来。演员不是表现没有的东西，而是密切注意观察某些人的状况后，变成自己的东西表现出来。”

斯塔尼斯拉普斯卡又这样说过：“真正的创造者即使从最平凡、最卑贱的东西中也会找到有价值的东西。”重新查看日常中的伟大，这就是创造性思维、想法、想象力的第一步。

有位叫贾斯培·琼斯的画家。他以美国国旗作为主体创作出了系列作品，他用作品表现了熟悉的美国国旗根据观看的角度不同而变化，让观众着迷。他说：“我的工作是熟悉的东西，根据我怎样看，在‘看’的地点开始。”美术的力量是日常中始终看到的东西，让人重新观看的效果。重新看的那一地点，打开来其他的想法和构想。重要的是任何观察也没有客观性的事实。

看美术展览，听到很多评论家的说明。这时应该要注意，再怎么有能力的美术评论家，他的说明只是他看到的角度而已。我们都应该改变一下视角。所有的观察都是主观的。最重要的不是别人的视线，而是要用自己的视线重新看。在这里创造开始生根发芽。

认为有正确答案的瞬间，创造的嫩芽就死掉了。创造的世界里没有答案。我们平常认为答案只是在过去历史中胜利者的视角而已。历史也总是重新评价的，因此昨天的答案可能因今天另外的视角而改变，可能明天还会变。

重新看，世界会重新创造

始终以激进手法成为话题的美术家马塞尔·杜象进行了原生的毫无变形的东西通过现实主义的手法表现的“重新观察试验”。他的代表作就是韩国美术教科书上的《泉》。

这个作品像平常看到的男用小便池，他只签了自己的名字，1917年在纽约美国独立艺术展览会上展出，杜象主张在这样的成品里只签名，日常食物也可以转变成艺术作品，引起了争议。白南俊也说过美术是欺骗，但90年前做出了这样的想法，可以估计到美术界当时所受到的冲击。

便池是一天10次以上接触的非常熟悉的东西。看到便池，能够把它看成泉的逆向思维，只能以新的视角才可能实现的。便池是我们排泄的地方，泉是新的东西涌现的地方，两者完全相反。省略连接其相克地点的中间环节，杜象提示我们试一试倒立。便池怎样变泉，把思考的过程，试着用我的东西填满。

这是杜象提示的再观察的过程。他强调的正是这样的逆向思维本身就是美术具有的力量。艺术不是摹绘原有的世界，而是重新解释，显示重新创造的世界。

闭上眼睛集中在声音，培养观察的力量也有帮助。热带鸟类学者贾雷德·戴蒙德想去新几内亚热带雨林观察鸟类，但森林茂密无法观察到鸟。这时他闭上眼睛听鸟的叫声，开始识别鸟。

就这样观察发动全部五感。收集各种个人物品，即邮票、硬币、昆虫、扣子、明信片、书、印刷物、照片、画等对培养观察的力量有帮助，因为想成为真正的收藏家，对各自的质和种类的差异，应该很精确地鉴别才行。

洞察是把日常现象的价值通过观察，重新发现。伟大的洞察是平凡的崇高，即能够感知所有事物里蕴含的非常惊奇及意味深长的美丽。这就是创造的基础。想要发现世俗的庄严，就应该集中所有的注意力观察。

为了创造观察即是洞察的创造性结果，应该有耐心和毅力的内在动力支撑。昆虫学家卡尔·冯·弗里希说石头缝里一动不动地躺几个小时，又耐心地注视生物的力量，就是他自己的观察能力。就像为了观察训练眼、耳、鼻、手一样，应该培养忍耐和苦斗的心。

曾是美术老师的毕加索的父亲，让年少的毕加索只画鸽子。到了15岁毕加索才可以画人的脸、身体等。好好观察一个事物，得到可以描述其他东西的力量，毕加索称之为立体派。毕加索的疑问是三维形象怎样才能以二维平面上表现出来的问题。毕加索的画表现奇妙，为了把三维存在能够在二维纸张的平面上体现，做了创造性的努力，这个过程有他自己的轨迹。

海伦·凯勒写了《如果给我三天光明》一书。她让朋友讲讲去树林的心情，但朋友反应冷淡，因此失望而写出的书。她写了，给我三天光明，第一天看升起的太阳，第二天去看看蕴含人类历史的博物馆，最后一天晚上经过霓虹灯闪烁的街上，再回到黑暗，但对只给三天光明的上帝表示感谢。

海伦·凯勒，在我们认为不足为奇的东西，逐一地进行叙述，显示了重新看，即再观察的力量。就这样我们重新开始看世界的时候，世界的每一天都重新创造。这就是思考的第一个阶段——观察。

形象化，大脑画出感受

第二个思维工具是“形象化”。

形象化实际上就是想象事物并画出来。这是所观察的感受和感觉重新拿出来，制作成某种表象浮现在大脑里的能力。

中国有《山海经》的古典书。这本书可以如实地看出中国人丰富的想象力。这里出现叫做“麒麟”的古代动物，它是好几个动物的结合体，就像一种变形合体机器人一样，头、腿、身体、尾巴全部表现不同的形象。铭刻在中国人心里的这个神秘的动物，是在1万年前只用想象画出来的。这就是想象化。从未见过的东西，在想象中，从意象的底层拿出来，创造出具体的形象，这种力量说明了中国这个国家非常了不起。中国经过数十万年，能够形成伟大文明的背景，就是有形象化的力量。

关于中国人的想象力，还有一个可以关注中国的文字，即汉字。汉字是表意文字。汉字的构成原理是象形，指事、会意、形成、转注、假借等六类，但最基本的是象形。即描摹某个事物的物象，表现与此关联的意思的方式。如果说这样的汉字强化了中国人的形象化，是否飞跃呢？跟中国人对话，有时感到荒诞，但能够感到，他们有更为出色的想象力。因为他们日常使用形象化作为基础的文字。

我们应该能够观察某种东西，才能想象，然后通过想象，形成形象化。形象化逾越了单纯看事物的形态，重新创造了人和世界。

世界级声乐家卢奇亚诺·法拉赫洛蒂说：“我用大脑练习音乐，这比在钢琴前面实际唱歌还要多，要看音乐，还应该把曲子放进大脑里，正确地说就像照片一样，原原本本地放进一样”。

我以写书举例，我写某种东西的时候，首先开始画东西。即，经过形象化的阶段。假如写论坛之前，最先做的事情就是观察。之后的阶段是形象化。论坛本身形象化，画出一幅画，然后是进行总体地、直观地、全面地作业。应该把有共鸣的文字一次性地用感受传递。为了这样，大脑里画出感受的形象化阶段是必需的。

抽象化，只突出核心本质

第三个思维工具是抽象化。

抽象化很单纯。抽象化的本质是只抓住一个特征。毕加索开始那幅有名的黄牛系列时，最初非常真实地描写了黄牛的模样，但并没有打动人们的心。之后对构成黄牛身体中宽平的部分形态感兴趣后，针对这一细节，继续画系列作品。接着知道了平面的边缘和棱角的地方最能突出黄牛特征之后，用几个简单的外角线，就可以画出处理过的黄牛，到后来去除构成黄牛身体的大部分要素，只画出抓住头部特征的黄牛。只揪出本质的黄牛，单纯化了。单纯化操作，就是抽象化。

毕加索画出的不是用眼睛看到的，而是用心看到的东西。他说：“你看到的不是全部，不要只看，而要想。找出藏在表面背后的惊人的属性。不要用眼睛，而是用心去看吧。”

抽象化在思考阶段起重要的作用。有思考能力的人，经过单纯化过程时，更有活力地散发出思考的力量。写文章的本质不是连篇地在纸上写，是挑出没必要的东西扔掉。科学家、诗人们都在复杂的体系中，除“只一个变数”之外，全部清除，努力地发现真正的意思。抽象化是挖出现实中不必要的部分，只表现重大而惊人的本质，核心的本领。这就是抽象化的本质。因此抽象化与单纯化相通。

重复的核心，揣摩其模式

第四个思维工具是模式认知。

知道模式是创造新东西的第一步。核心的东西是重复的，发现这个就是模式认知。现代音乐里蕴含有古典音乐的核心。欣赏音乐的时候，不是先听现代音乐，而是先听古典音乐的理由就是把这个核心埋藏在我们的意识里。即使打破古典音乐框框的阿诺德·勋伯格的无调音乐，为了了解他的音乐也需要古典音乐。应该认知古典音乐的模式。

不仅只是音乐这样，所有领域都有模式。历史也有模式。参考历史也是为了知道这个模式。这个模式聚集后形成元模式，然后元模式变成样式。但元模式过了一定的时间也被新的模式所代替。托马斯·库恩说这是革命的转移。

文艺复兴时期画家朱塞佩·阿尔钦博托的人物肖像画倒着看，瞬间变成静物画，这是因为模式认知。这个我们叫做模拟格斯托转移。发现模式是对某个反复的顺序或样式提出疑问，为了找出答案而看，听，感受的事情。找出模式是预想到接着会发生什么事情。

破坏旧模式，创造新模式

第五个思维工具是模式形成。

我们经常看到的所有颜色是以红色、绿色、黄色均匀地混合形成的。只用4个核苷酸就能把地球上全部生命体的所有遗传情报暗号化。数字化是指所有情报变换为0和1。单纯要素结合后形成复杂的东西。理解这个模式，世界就变得单纯了，理解不了世界就变复杂了。

0和1组合的数字化不是停止在科技水平上，而是通过0和1的组合，模拟时代不能做的五感的融合，也能在身体之外，可以被视觉空间分享。这就是数字化世界。数字化世界不是单纯科技的组合，是思乐智的世界，即感觉的逻辑移动的世界，是分享逻辑，即通过分享的逻辑，推出新感觉的共同体的世界。

理解了模式，看到的数字化世界完全不同。对当初科技的反感没了，更深入地走进里面，可以愉快地与数字玩耍。因为非常熟悉在我身体里形成的五感的融合，在身体之外也能够形成的东西就是数字化。

乐高是模式形成的游戏。乐高有几个形态的芯片，这几个连接后，城、坦克、飞机、人等没有造不出来的东西。乐高就像字句一样，是以一定的模式归纳的游戏。乐高是限制的数字的组合单位，提供展开无限想象力的机会。乐高就等于是三维的蜡笔。二维的蜡笔是图画纸上用彩色蜡笔画的，像三维蜡笔一样的几个模式颗粒不断地归纳，创造出新的形象物。

但乐高也有局限性。限定的范围内组装一定的零件，有一定的局限性。这时应该有打破模式形成的过程，逾越功能性局限的充满活力的思路。

模式和模式之间，连接断桥

第六个思维工具是类推。

类推是找出不相似的事物或现象之间功能性类似或一致的内在关联性。说明类推比较困难，把海伦·凯勒作为例子，就容易了。

海伦·凯勒是听不到、看不到、不能说的三重残疾人。听不到、看不到、不能说的人怎样得到博士学位？海伦·凯勒理解水这个单词整整用了7年的时间。她利用自己能够使用的感觉，理解事物。这是自己所利用的感觉连接起来完成的，能够懂得实体的核心关键就是类推。

类推，一句话说是连接模式与模式之间断开的桥。海伦·凯勒分明看不到、听不到，但能够触摸，能够闻味道和品尝，就这样她的触摸和闻、品尝的感觉逾越了看不到和听不到的障碍，通过类推，能够给她创造整体的形象。

海伦·凯勒的老师带她到水池边，用手摸一下水池里的水。开始冷水，之后是温乎水，接着热水，再接着流动的水，然后不流动的死水，让她触摸各自的水后各自品尝，让她认知这就是水的意识。她只能用触觉和味道，做出无数联想和类似性，最终逾越了“看到”和“听到”，能够学会理解世界。海伦·凯勒的学习工具就是能够代替看，听的类推。

牛顿发现的重力的法则也是看到从树上掉下来的苹果后类推的。能有拉动苹果的力量，类推这个力量也能拉动月亮。我们通过类推思维，能够达到现有知识的世界里不能达到的新理解的世界里。“类推”是新发现和创造的动力。

身体的移动，就成为思维

第七个思维的工具是用身体思考。

罗丹的作品《思考的人》是罗丹自己的想象力上赋予了肉体的形态。《思考的人》变成“思考人”是什么？罗丹说，那就是作品的头、皱着的眉头、张开的鼻孔、咬紧的嘴唇，而且手臂和后背及腿的所有肌肉、握住的拳头、缩起来的脚趾，这些就是想变现这个作品“在思考中”。

莫扎特说移动手和嘴唇写曲子。演员也是身体的肌肉里保存姿势和身体的动作的记忆。为了思考和创造，肌肉的移动和紧张、触感等被叫出来的瞬间，就是“身体想象力”启动的时候。

思考首先以感觉和肌肉、肌腱和皮肤的感受接近。创造性的人感到某些想法的线团涌现出来。舞蹈家马莎·葛兰姆说：“身体的移动，就成为思考。”我们应该关注肌肉的每一节毛细血管都有某些思考的突起。

忘我的沉浸

第八个思维工具是情感投入。

我进入那个对象里，进入到问题里，称为问题的一部分，就是情感投入。情感投入与用身体思考紧密地连接。哲学家卡尔·波普尔说能够得到新理解的最有效的方法是“空间的直观”或“情感投入”。情感投入是忘“我”而陷入到“那个”，成为一体。

珍·古道尔是数十年研究黑猩猩的人。她自己成了黑猩猩的母亲、朋友、姐姐。她干脆就跟黑猩猩一起生活。在情感投入状态下研究黑猩猩。

丹尼尔·戴·刘易斯是以多样化戏路而出名的电影演员。他为了不断地创造剧中人物，拍戏一开始就扔掉自己原来的样子，就进入剧中人物的生活里。就像剧本上出现的人一样吃住行动。优秀的演员都是通过这样的刻苦努力诞生的，这样努力的实质就是情感投入。情感投入的本质是成为其他人，其他的东西。

历史学家为了用他人的眼光看，轮回到“时代现场”里。理解了情感投入，通过他人的身心，能够学会感觉世界的方法。要想狩猎成功，就像被狩猎物一样去想。想画竹子，首先应该在我心里长出竹子。

著名的动物学家德斯蒙德·莫里斯每次研究某个动物，听说都努力想成为那个动物。像那个动物一样思考及感受，那个动物的问题就成为自己的问题。完美的理解是“成为自己想理解的某个东西时”才可能实现。

形态盲，越过这个墙

第九个思维工具是换位思考，简单地说换个角度思考。

乔治·奥基弗是美国人最喜爱的画家之一。她以特异的样式，画了很多画。但为什么那么奇异地画花，她有自己的解释：“我如果画原样的画，谁都不会看到我所看到的。我是想画出那个花对我意味的东西。因此我把花画得很大。结果人们惊讶地仰望那个花。再怎么忙的纽约人，我在画中所看到的，促使他们能够花时间去看”。

乔治·奥基弗把我们日常看到的花，扩大而深化地画出，引向我们另外的层次。多维思考是把事物从平面上拉出来，能够移动到三维世界里的想象力。影像医学科医生们就解读X-射线照片或解读MRI时，应该置换成活着的生命体解释。这需要的不是二维观点，而是需要三维眺望。不需要平面思考，而需要立体思考。

立体派美术是把三维物体所具有的多面体立体性，在二维平面上描写时，出现的问题和局限性顽强地咬着不放，才得到的结果。雕刻家亨利·摩尔说“雕刻作业关键在于三维空间中感应形态的能力。雕刻比二维的东西，即平面的形象或与感觉结合的其他艺术要难。因为‘形态色盲’比‘色盲’的人更多”。不能从二维转变成三维，思考的宽度就会变窄了。

模型刺激思维的诞生

第十个思维工具是“制作模型”。

古代盖房子时用的不是设计图，而是模型。模型在战争、建筑、医术、经济、宗教等领域一直不断地应用。通过普鲁斯军的模型战争游戏，构成假想战斗或验证战斗的时效性。

模型是为了让看到的人立即理解，把实体缩小，另外表达层次。思考里有了模型，具体化的力量会以倍数增加。模型是想象力上增添了生命。我们要想理解世界，应该制造有用而多样的模型。

不仅韩国如此，医生把脉中国的贵妇人们的时候，不直接露出身体。连接细线把脉。实际上给看模型，把的是那个模型的脉。中国医生把模型想象为贵妇人的身体。根据那个想象力模型赋予了生命里，思考更向前前进一步。

模型刺激新思考的诞生。就像生化学者莱纳斯·卡尔·鲍林所说：“模型所具有的最大的价值是对新思考的诞生过程做出的贡献。”但模型如果不在想象力上不赋予“生命”，就什么也不是了。

小说家克拉克. C·亚瑟说，只习惯用电脑画面教育，根本不想触摸真金属的现代人的态度，会带来未来灾难。

试着做做陶瓷吧。摸摸、捏捏，用泥土做游戏吧，在构思的过程中产生思维。

游戏才能发现，游戏才能创造

第十一个思维工具是游戏。

人类是智能人，会思考的人；又是技术人，会创造；是直立的，可以直立行走；有语言的，能说话。但人类最重要的是游戏，即会游戏的人。游戏造就人。

游戏刺激新奇的创造性思考，成为创造的安乐窝。创造性洞察也由此而来。青霉素的发明实际上也是游戏的产物。微生物学家亚历山大·弗莱明说："我拿着微生物游戏，习惯游戏后，打破那个游戏的规则，会发现其他人想都没想到的新东西。"

亚历山大·弗莱明发现青霉素的时候，正在拿微生物游戏。偶然打破了游戏，把微生物打翻在实验室，在那里偶然发现了青霉素。游戏才能发现，游戏才能创造。

改变思考的版本

第十二个思维工具是变形。

变形是思考的顶点。思考某件事时，把这个思考过程，有必要变形为能够让其他人可以理解的形态。一句话需要“思考版本的变化”。这就是变形思维。这种变形的思维连接相互不同的领域。如果不能带来这种思考版本的转变，思考就成了一潭死水。

保罗·克利在包豪斯讲课过程中，改变了巴赫音乐的视觉上的形态。克利就像巴赫创作复调音乐一样的方法，把作品的视觉要素“混合”并“变形”，创造出“新形象音乐”。变形思维就把音乐和美术互不相同的领域连接起来，体现了元模式的本质。

1978年非洲坦桑尼亚的德莱特托利沙漠上考古人类学家玛丽·利基和同僚们发现了原始人类脚印的化石。近360万年前的人类脚印，德莱特托利脚印的发现和说明的全过程，完整无缺地看到创造性想象和精髓。利基和她的队员们把二维脚印，以三维立体形式体现，制作了模型，通过游戏达到了创造性洞察。

德莱特托利脚印应该是三个人的，两人在前面并排走，第三个人在后面踩着前面人的脚印跟随。脚印能够成为化石留存下来，是因为附近的火山活动，火山灰绵软的情况下三个人偶然走在这上面，留下了痕迹，之后下了雨后像水泥一样变硬，痕迹就那样被埋在地下保存下来了。结果抽象化石转变成留下脚印的原始人的性感形象，具体进入历史的场地里。这就成了人类学巨大的发现。

统一感觉和思考

第十三个思维工具是统一。

上面说明的思维工具的完成就是统一。我们意识不到在思考过程中经历了那么多样的一个个阶段。通过共感觉理解到，记忆、知识、想象、感受不是各自的，而是整体的，同时多发的，通过身体，形成直观。这样才能综合，或统一的理解，即可以通摄。思考的本质是拓宽感觉的地平线。我们知道通摄可能的时候，我们感觉的地平线才能拓宽的道理。

伊芙莲·格妮是失聪残疾人，是敲击乐独奏家。她说："一般以'听'来表现，对我来说看就是听。想象一下有人把钱币掉在地上，看到那个我推测'啊，应该有声音吧'。发动想象力，这样我是在'听'。这可以说就是形成我的声音世界的基本原理。完全是靠想象、感触和感受得来的。使用我拥有的全部的感觉。"

伊芙莲·格妮完全丧失听觉后，利用其他的感觉，理解和学会了听音乐的方法。格妮认为不仅感受到的声音和听到的声音完全没有差异，读懂嘴唇的移动和听人说话也没有差异。低音主要以腿或脚感受，高音用脸上特定部位或脖子，心来感受。

就像伊芙莲·格妮一样，利用共感觉，统一感觉和思考，这就是思维的顶点。

思维工具把实际与想象、创造之间形成持续的连接网。思维工具就是把事物统一。统一为了形成最终理解的形态，各种方式的知识和感受在最高水平上综合起来的。

小说家弗拉基米尔·纳博科夫说，诗人是感受时间某一点上发生的所有的事情，科学家看到宇宙某一处发生的所有的一切。爱因斯坦的相对性原理就是其结果。爱因斯坦在相对性原理的极短公式里把世界统一了。这是他伟大思考的力量。

思考再思考

思考是进行精神烹调，为此首先要进入到创造性想象的厨房里。在那里能做出什么样的思考，想象及创造的菜肴谁也无可预料。

毕加索说自己从来就没有预测画出什么样的画而提笔过。我们进入思考和创造的厨房时，也可以发现完全没有预测到的，拥有这种可能性和期待感，是很重要的。实际上我们所知道的与其说是理性力量本身，倒不如说是想象力和直观更为贴切。这不仅对于艺术，对科学也是同样的。

数学家亨利·庞加莱说，证明某些东西的时候是用逻辑，但发现某东西时，用的是直观。霍华德·加德纳在自己的书《创造性思维》，将爱因斯坦的逻辑数学思考作为典型说明。但其实爱因斯坦数学方面差，他为了促进自己的工作，经常要得到其他数学家们的帮助。爱因斯坦发现的相对性原理，接近逻辑数学之前，是从直观开始的。

科学家不以公式去思考。优秀的科学家首先用想象和直观，然后用数字或语言表现而已。因此对于科学家而言，艺术性想象力是必需的。

最差的科学家是“并不是艺术家的科学家”，因此科学家要学习艺术和感受。创造性思考和构想就从感受和直观出发，这是进行精神烹调必需的真谛。

最终我们是感受的。艺术家不是描写的人，而是感受的人，科学是把直观感受的东西装进科学方法的模具里，以科学的理论翻译后，取出来的。雕刻也是翻译感受，即想说的东西，以雕刻翻译的。结果创造性思考首先是“感受”。

科学家们不只在“公式里”，数学家们不只在“式子里”，作家们不只在“单词里”，音乐家们不只在“音符里”，思考的。不要把思考关闭起来，创造性思考试着经过各种领域后拥有的均衡思考。创造就是新均衡。

发掘和唤醒内心的创造本能吧。跨过“知道”某些东西的知识的阶段，走向重新“感受”，“创造”有益的设计阶段吧。

这就是创造性思维。

第六章

文化，决定命运的软实力

一切都是文化，
文化形成决定性差异。
要看破软实力的核心。

文化决定繁荣

1960年初，韩国经济水平是非洲加纳的水平，但过了40年后情况转变了，韩国进到世界前10位经济规模的国家。根据穆迪公司推估2006年韩国人均GDP是19000美元，加纳人均GDP为382美元。不到半世纪的时间里，到底是什么东西使两个国家形成近50倍的差异呢?

1999年4月，哈佛大学国际及地区研究协会与美国艺术科学协会一同在马萨诸塞州的剑桥举办了“文化价值和人类发展规划”的大型专题讨论会。一个社会兴衰的要素是什么？约三十多位学者从多角度开始了分析，各种立场碰撞。结果得出的结论是文化的重要性。即在一个社会里占优势的价值、态度、信念、志向等的总和由文化掌握着钥匙。一个社会的兴亡盛衰不是由环境、气候、天然资源等决定，而是构成社会的意识构造、价值志向、共同价值所决定。

马克斯·韦伯在1905年的论文《新教伦理和资本主义精神》里，阐明了资本主义的兴起是新教主义作为基础的文化现象。新教的理念主张，即节约、勤勉、正直、使命意识等创造和积累财富。四次做过美国上议院议员的社会学家丹尼尔·帕特里克·莫伊尼汉也在自己的著作里主张，决定社会的成功和成就的就是文化。

前美联邦筹备委员会（FRB）议长艾伦·格林斯潘也强调了“资本主义就是文化”，密歇根大学政治学家罗纳德·英格尔哈特也认为文化的价值和政治经济的成就之间有密切的关系。他在泛世界性范畴从1995年开始大约10余年进行了世界价值的调查，根据他1995年的年度报告，文化和经济成就相互连接，在前面讲过，一个社会经济成就与这个社会占优势的态度，价值及文化一同发展。

不仅如此迈克尔·费尔班克斯曾主张“文化决定家族、企业、国家的繁荣能力”，戴维·兰德斯哈佛大学经济师及名誉教授在《国富国家》也提出了贫富的决定性差异就在文化的见解。给了我们一切兴亡盛衰的答案都在文化中的结论。

经济发展是文化的过程

布宜诺斯艾利斯国立大学教授Mariano Grondona在《经济发展的文化条件》里强调了经济发展是一种文化的过程，大的可以区分为发展志向性组织和发展抵抗性组织，把经济发展和文化的相互关系，整理了以下的观点。

第一，发展志向性社会里，个人的创意性和自发性得到尊重，相反发展抵抗性社会没有“个人”，只有“国民和大众”，在这样的情况下不能促进经济发展。经济发展的原动力是最终想成为自己的人，或想打造不平凡的自己，以这种内在欲望、个人的动机开始的。

第二，发展志向性社会不强求社会领导层与整体水平有显著差异的道德水平。相反发展抵抗性社会要求社会领导与整体水平有显著差异，要有非常高的道德义务。越是这样的社会，反而蔓延严重而隐蔽的腐败。

第三，发展志向性的社会不存在应该成就的对象；相反发展抵抗性社会已经存在，即只能认为分享的对象。因此在发展志向性的社会所有人为了一起取得成就而竞争，但发展抵抗性社会，财富是分配的对象，其余什么都不是。

第四，发展志向性社会竞争是必不可少的核心要素。即，没有竞争，也没有生存和繁荣。但发展抵抗性社会，否定的看竞争，合理化嫉妒和乌托邦平等。不是通过竞争成就的经济学，而是只存在脱离竞争的经济学。

第五，发展志向性社会在经济体制中培养创造性破坏者、改革者、异端者，但发展抵抗性社会，背离竞争的平等中，只培养理论追逐者、顺应主义者。

第六，发展志向性社会关心的时间是近期的未来，在发展志向性社会中，未来是可以控制的，因为事先可以计划时间及不盲目预测，是“根据我今天怎么做而改变”的创造对象。相反发展抵抗性社会是依赖过去，偶尔即使强调未来，但只提及遥远的未来或末日的未来。

发展志向性社会组织，不限制竞争，认可无限竞争。相反发展抵抗性组织为了自我不断地得到保护而喊叫。换句话说就是井底之蛙式。还有发展志向性社会焦点定在具体的微观经济，即我能够创造的，我能生产的，我能调整的等等。但发展抵抗性组织只是你争我辩概括性的宏观经济。发展志向性企业在生产方面上接近问题，但发展抵抗性企业更重视与权威人士的交情。同时有发展志向的地方，重视人力资源的力量和知识力量，但发展抵抗性的社会只讲究物质方面的条件。

从以上的比较中可以看出，发展志向性组织的一方是多元性的灵活组织，发展抵抗性组织一方是等级式呆板组织。一方对市场可以灵活处理，另一方只关注规模经济。一方根据情况找合作伙伴，体现移动战略；相反另一方在任何情况下始终想依靠与熟悉的合作伙伴。还有在移动方面，发展志向性组织根据自己的版本移动，但发展抵抗性组织，只依靠政府的战略。还有发展志向性组织形成不停地革新，相反发展抵抗性组织温情主义嚣张。

社会学者爱德华·巴恩，作为非道德伦理家庭主义的典型，提出黑手党，指出家族倾向强烈作用的地方，腐败数值也增加。不管什么组织，温情主义比竞争优先，就开始拆开原则，这个组织最终会瓦解。

文化的活力，读时代

2006年6月18日，AP通讯报道了“今年LPGA巡回赛14次大会中，韩国女子选手取得的冠军杯达7个，9次取得了亚军，奖金排名在整个20位之内占9位”，赞叹了“这个成绩是不包括米歇尔·魏的成绩”。

也许很多人都记得经济危机（IMF）时期，朴世丽脱掉袜子进入高尔夫障碍物水坑里，击球的瞬间吧。当时朴世丽是参加LPGA高尔夫巡回赛选手中唯一的韩国人。但现在如何呢？参加LPGA巡回赛的韩国女选手就有30多人，准备出去的选手都达到30多人。简直就是创造了韩国版图了。南卡罗来纳州立大学社会学科辛义项教授在自己的论文《文化，体育项目中的性作用：关于LPGA巡回赛的韩国选手》，这种现象的根源从韩国的“孤注一掷”文化中查找。韩国的父母选择好儿女的出路后，为了儿女的成功，付出自己的一切。

实际上作为韩国人，没有不习惯“快快”的人。加上还有“不管别的，先孤注一掷！”的倾向。有一时“孟母三迁之教”和“快快”、“不管别的，先孤注一掷！”等被认为否定因素。孟母三迁之教，是过分的教育热，父母得到满足的层次上受到了批评。其实父母不论在物质上，还是精神上都应该过得好，孩子们自然就过得好。父母读书，孩子也读书。我做的不好，因此你来做好，这种方式的态度分明有否定因素。“快快”也同样。

另一方面也可以说因为“快快”，韩国经济成长得以实现。“不管别的，先孤注一掷！”是非常危险的选择，但反过来有很多人取得了毫无对策一样的冒险的光。同样的孤注一掷文化，在某一时期，某一状况下，也可以成为肯定的因素。即一定社会里强势的价值和态度，不能总是合理、正确、绝对的。

文化是活的，也是移动的。不是一旦决定了，就有固定的标本。即根据环境“快快”也可以成为好的要因，也可以成为起副作用的要因。“优势种族文化和劣势种族文化各自存在”的思维，几乎等于希特勒式的思考。

文化的差异，转化为价值

已经研究过文化是决定繁荣的要素。即文化里有兴亡盛衰的答案。但对文化范畴中的一般化错误，必须是要警惕的问题。要认识文化不是差别，而是差异或不同的道理。用活着的文化，创造各自的差异，不同的颜色。

某一全球性银行广告中画了蚱蜢，包涵了“在美国是昆虫，但泰国北部地区是美味食品”的内容。同样的蚱蜢，在某一地区受到杀虫剂的洗礼，在另外一个地区却被食用，就如同文化存在差异和不同。

“为什么在美国和加拿大成功了，为什么在拉丁美洲失败呢？”，这个提问的错误是把拉丁美洲只看做是一个桶。当然拉丁美洲席卷了左派热潮，就像多米诺骨牌一样涉足了左派政权，但不同的地方也很多。

有本书叫《孤立的非洲》，非洲绝不是一个团块。巨大的非洲板块上存在45个，不，是50个相互不同的非洲。伊斯兰也是一样的。伊斯兰有伊朗和伊拉克、巴基斯坦和阿富汗等，分成逊尼派和什叶派，存在超出这些各种各样的世界。

有人问“儒家资本主义和亚洲价值依然有效吗？”那么亚洲就是一个吗？亚洲价值真的只有一个吗？

答案显然“不是”。韩国、日本和中国、马来西亚和泰国，各自不同，怎么能说亚洲是一个呢？儒教文化大多是说明亚洲失败时引用，30年前创造亚洲四小龙韩国、中国台湾、中国香港、新加坡而受称赞。但在3年前IMF当时重新作为“道德危机”的温床，儒教文化受到了非难。对此格龙多纳这样说明“学者们为了说明亚洲而例举了儒教，再说明亚洲成功卖弄儒教，再一次分析亚洲危机标榜儒教”。

文化具有在某一时代成为发展的动力，在另一个时代成为停滞的原因的两面性。

但文化相对主义观点，在一定程度上，应该要警惕。文化相对主义不认可特定文化的优越性。比如非洲和印度，婴儿出生后的9个月生存可能性比美国和加拿大显著低。这应该是卫生设施或医疗设施恶劣，育儿条件也不好的原因吧。但“在子宫受胎后开始”的9个月的胎儿生存可能性，反而非洲和印度比美国和加拿大明显高。印度和非洲堕胎比例是2%~10%，相反美国和加拿大超过了20%~25%。即，先进国恐怖的人工堕胎频率非常高。那么到底哪一方文明，哪一方野蛮呢？这种问题很难简单断定，这就是文化相对主义的核心。

就这样文化的优劣根据标准和观点，其表现也不同。因此说文化的优劣本身，有时可以说毫无意义。

尽管如此，认识到文化的差异对社会政治经济发展带来影响的先驱学者，他们是玛格丽特·米德、鲁思·本尼迪克·富尔顿、戴维·麦克莱兰、加布里埃尔·A. 阿尔蒙德、西德尼·维巴、卢西恩·派伊、西摩·马丁·李普塞特等人。他们说明一个社会的发展中认识文化的重要性，把文化作为说明的主要变数。

文化相对主义的核心是肯定根据标准和观点不同，文化的优劣有所不同的观点。文化因为是活着的生命体，为了生存应该不断地交涉、沟通、混合。为了能出优势种，异种交配也不应该避开。这不是单纯竞争的层次理解的事情，如果混合、冲突，不仅在生态学方面，还是在经济学方面，应该变得更强大。因此以这样的原理作为基础创造差异，把这个差异变成价值。就这样只有不停地创造差异的企业，才能扩大企业的利益和生存价值。

战略性思考，提高文化智能

伦敦IE商学院教授克里斯托弗·厄创造了文化智能的概念，坚持不懈地讲了这个概念。文化智能是认知文化差异，适应这个差异的智能。不是用差别，而是用差异问题认识文化，能够发现生存文化所创造的差异，还有以此差异作为基础，能够创造性适应的能力。

比如企业的收购合并也需要这样的文化智能。融合相互不同性质的企业文化，走向崭新、改变发展方向，被收购企业里安排文化智能高的职员，尽可能减少收购合并过程中将要发生的不必要的不和谐因素。

1998年奔驰和克莱斯勒宣布整合时，奔驰高级车市场占有率和克莱斯勒的大众车市场占有率会出现最佳效果的期待非常高。但掀开面纱一看，情况完全不同。具有世界名车自豪感的奔驰和美国开放文化影响的克莱斯勒，在寻找企业文化方面失败了。两个公司的资产对比负债率，当时的1998年为130%，4年后暴涨达到了220%，股价创下了几乎75%的下降。这个例子说明了，企业的收购合并，如果发挥新的协同效应，不能挖掘适合新的企业文化，反而可能成为灾难。

还有1997年末，美林证券公司主导的英国资产运营企业默邱利合并的时候也发生过相似的情况。美林证券的企业文化为攻击性、挑战性，相反默邱利的企业文化为上下等级严格、保守。当时美林证券打算引导两个公司间的融合氛围，每周五指定为休闲星期五，只有这一天可以穿着休闲服上班。但默邱利出身的员工反而认为这是针对默邱利传统的攻击。试图融合，反而成为合并的障碍物。

企业的合并收购过程中需要文化智能的原因是“相中了某一公司的某一部分，只拿来这个部分，占更多的市场优势”而妄下结论，失败的可能性就很大。即只有提高文化智能，在组织内的某个态度和某个价值才能够发展为优势种，战略思考才有可能实现，能够找出融合点。

文化力，看破软实力的核心

社会发展和变化的过程中始终存在称之为文化力的软实力。约瑟夫·奈尔在《软实力》中说明了“软实力是指不是强制或补偿，吸引人内心的力量，得到想要得到的东西的能力。这种力量来自一个国家的文化和那一国家追求的政治目标、各种政策等的‘魅力’”。

沟通的钥匙不是说服多少人，而是使多少人共鸣。这对于个人还是组织都同样。一般人们对特定的对象独特的时候更能多的表示共鸣。用老一套的想法，常识性的故事，很难得到大众的共鸣，这是因为没有软实力的核心魅力。再说不管是什么，只要有魅力，即吸引内心的力量，才能在活生生的文化中创造出差异。

我们的软实力是韩流。1980年中期开始，打开了表现自由的枷锁，以迅猛的速度，电视剧和电影、舞蹈舞曲、漫画、卡通形象、网页游戏、设计等韩国人的“才艺”毫无阻力地横扫世界。加上这样的趋势更加扩大，现在文化产业成为能够养活21世纪我们的产业，与半导体等尖端技术领域一同得到更大的关注。

2004年韩国电影海外出口业绩约为600亿韩元，10年前1995年约2亿1000万元相比，竟增加了280倍。日本一家经济研究所发表说《冬季恋歌》的经济效益，就只在韩国和日本两个国家达到了2兆3269亿韩元，SM娱乐公司的歌手宝儿潜在经济价值达到一兆元，称之为“流动的企业”。

日本殖民地时期在韩国出生，小时候在韩国度过的70多岁的日本奶奶，《冬季恋歌》给了她感动；越南战争时，与韩国军人进行过肉搏战的越共出身的爷爷，被《大长今》迷上的故事，某一地方团体把韩国的大众文化和旅游产业集成大规模文化集群，组成韩流，甚至想要设立韩流研究生院，现在韩流的确登上了成功的行列。

那么日本的“勇君”（裴勇俊）狂潮应该怎样理解呢？因为勇君的一个举手动作、一个笑而被感动的日本女性和沉浸在韩国大众文化产品的日本青少年应该怎样理解呢？韩国软实力产品，埋藏了疼痛的过去，真正打开了亚洲人们的心胸吗？韩国电影和电视剧，引起亚洲人狂热的真正魅力的秘诀是什么？

这首先是韩国人特有的气质，所谓“韩流DNA”起到的作用。韩国人的民族性，升为软产业话题的21世纪，不是短处而是开始成为长处了。即故事性强、喜欢介入、“怏怏”症候群等，就是这个。

但满足于“只有我们之间的差异”的瞬间，我们就会被剥离开。就在这时差异变成差别，瞬间的成长就此结束了。想持续地成长组织，实现活灵活现的文化有机体——共同体组织。升华发现的这个差异，在内部培养成软实力和文化智能。

现在韩流被称为贯通亚洲的感性路。宽广的大路，与韩国软实力的兴起一同，正在打开。那么这样文化力的时代，我们将怎样培养和利用软实力？

首先有必要正确地认识现在的环境。然后在其中需要不断地去寻找能够生存的价值，能够发现的价值是什么，是否有空余，有无落掉的，在哪里能够放出自我独特的差异的光。在这之前能否发掘自己的哪种态度和价值是优势种，怎样的版本和目标能够促动组织，活灵活现的文化将怎样、向哪一方向前进，应该要做出决定。培养文化智能，用软实力不断地发掘差异，给组织和共同体带来成长的事情，现在正是可以做的事情。

文化就是核心价值

文化就是核心价值。这个用4P的四个价值，可以做出说明，就是肯定、实用主义、热情、原则。

第一价值，肯定

在日本被称之为“经营之神”的松下幸之助曾说过：“幸亏贫穷，一生勤俭节约，能够成为富翁”。不是因为“贫穷”，而是“幸亏”。他常说：“幸亏没学，一生对学习灌注了热情”、“幸亏身体弱，一生也许注意了，能够活过90岁”。就这样不是“因为”，而是能够说出“幸亏”，具备肯定思考方式的人、组织最终创造更有生产性的文化、活着的文化、能够散发真正差异的新的优势军。

乔尔·奥斯汀在自己的著作《肯定的力量》这样说的：“选择肯定吧，选择高兴，扔掉烦恼吧。想象向高处飞跃的自己的模样吧。想象家庭和事业繁荣，梦想成真的瞬间吧，如果这样你可以过上最好的生活。”

在逆境中不要失去肯定的心，寻找新的强点，苦难中获取生活的价值，决心幸福、选择肯定的想法，也可以改变生活。

实际上肯定的心态，会带给最好的一星期。使内心成长新的展望，带给人生100%变化的魔法一样的力量。一天一个，给自己宣布吧。

第一天，“我是培养展望的人”。

第二天，“我塑造了健康的自我形象”。

第三天，“我每一天重新发现思考的力量和说话的力量”。

第四天，“我从过去的留恋中脱离出来”。

第五天，“我通过逆境，寻找强点”。

第六天，“我要过奉献的生活”。

第七天，“我始终选择了幸福”。

就这样给自己宣布，得到想象中美好生活的礼物，能够极限扩大内心的潜在力。大部分人们比肯定更容易选择否定，就是从那开始一切扭曲了。选择肯定时，从那里开始解开一切生活的头绪。

第二个价值，实用主义

南北战争结束后，美国开始考虑制定新国家的制度。战争为契机，代言“奴隶制”的旧制度瓦解了，但替代旧制度的新制度的方向还没有确定。因此1872年，在马萨诸塞州的剑桥，四个人举行了非正式的讨论聚会。南北战争的英雄及当代最进步、最有权威的法学思想家老奥利弗·温德尔·霍姆斯、著名的小说家亨利·詹姆斯的哥哥即现代美国心理学之父威廉·詹姆斯、天才逻辑学家及科学家约翰·杜威，他们的聚会称之为“形而上学俱乐部”。就在这里出台了建立新美国的伟大的哲学，即实用主义。

他们首先考虑了“我们为什么战争”。结果悟道，信念极端化，就引起战争的道理，导出终止信念冲突的新价值体系，那就是“实用主义”。在那里产生的实用主义是有关教育、民主主义、自由、正义、包容的美国人的观点，他们改变了生活方式、教育方式、表达自己观点的方式、让他人理解自己的观点的方式、对待与自己不同的人的方式。回顾实用主义，才真正是美国创造的核心价值。

实用主义主要内容：“强迫两者取一是暴力。信念的极端，就引起战争。杀伤生不存在于它的不变性质里，而在于适应性。创造允许宽容和差异余地的社会吧。请打开自己的真理和其他的真理。”

为了防止实用主义信念变质为暴力研究的策略，对我们来说需要适应这个时代新的实用主义。

新实用主义，即新实际主义是实用和革新合起来的。不把实用认为革新的相反概念。即新实用主义要求彻底的实事求是，企业应该成为这个新实用主义的第一个传播者。不要被没用的理念束缚，才能生存。

第三个价值，热情

热情使所有的东西变成可能，容易感染，被感染的诸多热情聚集，变化世界。领导带着热情跳舞，企业也舞起来，组织也跳舞。热情是变化的能量，革新和创造的源泉。没有热情，任何努力也没有指望，任何尝试也无意义。有热情的人改变世界，有热情的组织创造新世界。

第四个价值，原则

原则形成信赖。换句话说没有原则，就没有信赖。有原则，一个人经营的小店铺也会成为企业，没有原则，几个人聚在一起也只能开个小店铺。社会学家詹姆斯·柯利曼（James Coleman）说信赖就是社会资本。写了东欧社会主义瓦解的论文《历史的终结》的弗朗西斯·福山也说过，一个社会的竞争力，终究是以信赖决定的。我们现在应该从低信赖社会，走向高信赖社会。高信赖产生高附加值，创造更高一层的远景和原则。制定好原则，也正是这个原因。

更换内心的模特，创造繁荣

人类学家劳伦斯·哈里森（Lawrence Harrison）在《低开发是心理的状态》一书上主张"低开发"，即主张克服社会的发育不良，要改变社会成员的心态。还添加了，为了改变心态，要推翻他们所具有的各种价值和态度的心理表现。

换句话说，繁荣是选择。这是皮特·森吉（Petersengge）提及的内心的模特，即是改变"认识世界，诱导我们的行动埋藏在心底深处的前提条件、一般化、形象等的心理表现"的事情。根据迈克尔·费尔班克斯的话，为了组织的繁荣，最先应该做的事情是瓦解原有的繁荣战略。然后组织成员自我形成危机感，应该要缩小下去战略的选择范围。之后需要创造展望，即通过展望，懂得了现在应该发展用怎样的态度和价值、应该集中在哪里，以此作为基础创造出态度和价值的新网络。然后需要的是，展望的沟通和建立建设性联合。即把开发成功事例，告知外部，每次有变化的时候，不要只停止一次，为了能够持续，应该制度化。组织成员各自我确认所有的变化，应该能够尽情享受，组织的繁荣也得以实现。

第七章 沟通，成功的共鸣智能

沟通的本质不是说服，而是共鸣。
没有共鸣，就没有任何感动，没有成功。
提高沟通的「内心的视力」。

为沟通的生存手段，社会智能

我们生活在像蜘蛛网复杂的社会里。这个世界是所有的东西都相互连接的关系网。有句话不是说过几个桥都认识吗？在关系网中想保守秘密是很难的，长了翅膀的传闻，会瞬间传开。在这样的社会为了生存和发展，需要“社会智能”。

“社会智能”这句话是1920年爱德华·李·桑代克第一次提及。沃德·加德纳1983年发表的著作《心境》里，把人的智能分为语言智能、逻辑数学智能、音乐智能、空间智能、身体运动智能、自然智能、人际关系智能、认知智能等八项的多种智能理论。

沃德·加德纳提及的人际关系智能和继桑代克之后丹尼尔·戈尔曼提出的特征化的社会智能在很多方面非常相似。

戈尔曼用人际关系与精神神经科要素相连接的方法说明了社会智能，因此他的著作《社会智能》里有很多对大脑的说明。他把精神神经科要素扩展到社会神经科的要素，主张人大脑形成的根本目的是为了构成社会性。即在《感性智能》里，感性智能的焦点在于感性本身，《社会智能》里的社会智能，更进一步把焦点放在了人相互间的情感交流。

根据戈尔曼的话说，建立关系是相互间大脑，用看不到的绳连接，关系深厚了，感情自然就深了。在这个意义上看微笑是把相互的大脑，最快的、最容易、最顺利地进行情感交流的方法中的一个。因此威斯康星大学的神经科学家理查德·戴维斯这样说“我们的社会相互作用，激发我们内心的感性”。

人际关系也是一个资本

社会学家罗伯特·怀特哈尔·普特南博士从1970年到1990年，调查了美国成人定期参与的共同体变化方面，发表了《一个人打保龄球：美国社会资本的衰退》的论文。

根据这个论文1970年大约三分之二的美国人定期参与，但1990年这个比例显著下降到三分之一了。关键是这样的社会关系减少，社会资本比过去20年也在减少的事实。

人际关系又是另外形态的资本。杰姆斯·科尔曼把这个称之为社会资本。这个社会资本不能立即返还，是可逐渐积累的资本。比如我们经常互相交换名片。这是因为认为这样会增加社会关系。我们不把特定关系命名为社会资本，但这也是一个资本，在无意识中懂得了。

在这种状况下社会关系缩小，意味着社会资本减少。但通过健康的关系的社会积累不管在哪个社会都是非常需要的。不论个人，还是组织、国家，社会资本增加，才能变富强。在这里需要社会智能。积累更充实的资本，要减少因纠纷付出的不必要的社会费用，应该没必要树敌。

史怀哲博士因为幼年时期经历的一件事情，要过上特别的生活。14岁左右的时候打倒村子里的一个孩子后，就乱打，那时被打的孩子这样嘶吼“我如果像你一样每天吃的好，也不会这样被打了！”

就这一句话，尚小的史怀哲脑子里受到了某些冲击。从此以后不知不觉地从心底深入地镂刻了，要帮助比自己弱、困难的人。24年后放弃了一切去了非洲。虽年龄小，对关系有了深刻的反省。

听到过这样的谚语吗：“如果你笑了，整个世界跟着你微笑；如果你愁眉不展，整个世界也随你哭了。因为世界是你的镜子。”

西藏谚语也有与此有关的话：“面对人生微笑，一半是自己的脸，另一半成为别人的脸。”

19世纪20年代活动的美国社会心理学家查尔斯·库利提出了面镜自我，即提出了“面镜自我”的概念。婴儿出生后到14个月，就意识到镜子里映照的自己。这之前对自己和他人没有区别意识。即就像人通过“镜子”意识“自己”一样，在社会里意识自己，必须要有对方的镜子。这个“他人的发现”对于精神史上，等同于“发现新大陆”一样的历史性事件。

权力是多边关系的属性

马丁·布伯1923年发表的《我和你》说明了人和人之间的沟通和关系。他说:“不存在我这个本身,只有‘我和你’时的‘我’,‘我和他’的时候的‘我’。结果‘我’只是‘关系’中的‘我’而已”。马丁·布伯回复了‘我和你’的关系,克服转变成‘我和他’的物神的世界,主张恢复丧失的人性。

笛卡尔只用一句“我思故我在”,宣布了西洋近代哲学的开始。换句话说直到笛卡尔为止,西洋哲学里没有存在其他人。只有存在“我”,不存在“你”。西洋近代哲学才出现了他人。

康德说:“为了知道我是谁,需要经过自我反思,即反省的过程。”接着发现反省和反思的手段“对方”的黑格尔通过主人和奴隶的辩证法,开始认识“我”与“你”的关系。受黑格尔影响的马克思说明了“我和你”、“我和大众”、“大众对大众”,动员大众,进一步创造了革命理论。但到这里为止都只不过是二者的关系,甚至马克思的无产阶级革命理论基本上根据“资本家对无产者”的二者的关系。

这种二者关系的基本是“夫妻”。前文化部长官李语领曾说过:“世界上最确切地可以认证的二人体系是夫妻”。这个二人体系是两个人完成一个事情,辛苦减到一半,成果翻倍。比如苹果的史蒂夫·乔布斯和斯蒂夫·盖瑞·沃兹尼亚克、惠普公司的比尔·休利特和戴维·帕卡德、谷歌的拉里·佩奇和谢尔盖·米哈伊洛维奇·布林，还有曾经《时代》杂志选出的世界最大的视频网站YouTube的乍得·贺利、陈士骏、德·卡林姆等就是典型的事例。人际关系形成社会的同时，最终从二者关系走向三者关系。前长官李语领添加了这么一句“夫妻相遇，生了孩子，就成为二人三角的关系”。

纽科姆的“A-B-X模式”带入X的变数的相互指向性模式，包涵了A和B友好，对X的认识也一致；如果A和B敌对，对X的认识也不一致之意。即A和B关系好，两者都想对X，有一致的感情而不断地进行调整，但A和B关系不好，即使对X同样肯定，但反应或不一致。

但算式（+-×÷）程度形成的三者关系的框，如果发展成多者关系，如果比喻成矢量程度的力的方向性介入，就产生“权力”。三人以上聚集，就产生主导者。这个意义上讲权力可以说人类社会无法避免的属性。

埃利亚斯·卡内蒂在《群众和权力》中说：“个别群体集中在一起是他们共享一个热情和诱发团结行动的共同情绪。”社会智能高，在肯定方面拓展共享的热情和共同情绪。

相反社会智能低下时，因蛊惑关系、伪造关系，进一步盲目地顺从和极端癫狂，带来法西斯主义。就像历史所展现的极权主义、法西斯主义，不仅仅停止于政治术语，还渗透到日常生活当中。日常中一旦渗透了这样的东西，即在社会智能低下的情况下，关系的压迫或蛊惑全面侵袭，在不知不觉中包括人与人的关系的一切的生活形态，向一侧倾斜的颠倒过来。结果我不能作为我自己生活，关进极权主义的框框里。

时间是与其他人之间的关系中形成的

社会智能从人与人之间的关系开始。但这里还有另外的变数。这些人在什么时间、什么地点见面。结果社会智能不停止在真空状态，通过具体的时间、空间的相遇出现的。在韩国可行的交往方式，在美国可能行不通。早晨可行的事，到了夜晚就行不通的。

比如早晨很早或晚上很晚打电话是失礼行为，但紧迫的情况下，也可以默认。即根据哪一时间段、哪一空间，社会关系也有所变化。某个人做了同样的行动和说了同样的话，这也是根据状况，也可以得到很高的评价，也可得到很低的评价。

伊曼努尔·列维纳斯批判了西方哲学主体和自我集中在一起，正式提出“时间与其他”问题的哲学家，在自己的著作《时间和其他》中说“时间是与其他人之间的关系”“对世界的个人主观的感觉基础存在于我们与其他人之间的关系上”。

想象一下见到初恋时的情景吧，浮现的不是“19××年×月×日的事情”，而是浮现“在哪里怎样见到谁”。即我们想起过去某一个时间的时候，浮现的是与某人或碰到什么等瞬间的经验。即人的时间不是一个人孤单单的经验，而是与他人的关系中形成。即并不是不着边际的编年史，而是某个时候和某人一起经历的时间浮现。

非洲斯瓦希里人有叫萨萨的托马尼的独特的时间观念。只要还存在记住死去的人的时候，那个死去的人便在时间中存在。记着的人都死了，再没有记住的人的时候，亡者才进入永远沉默的时间，即进入托马尼之中。我们也大概给四祖代过祭祀。可能有好几个理由，但子孙给亡者祭拜，这一点上我们的情思也类似斯瓦希里人。

希腊语时间叫“克罗诺斯”或“tempus”。“克罗诺斯”是指表的客观时间。但我们开始意识时间，其实是并不遥远的近代开始。我们从什么时候开始戴手表了？人们只是“东窗亮了”就迎接早晨，中世纪欧洲的人们也是同样。克罗诺斯广泛使用的是发明了的闹钟，管理时间开始的。

但我们的内心具有自我感受的主观时间概念。这就是tempus。例如与相爱的人在一起时“啊，时间过得怎么这么快啊”，表示惋惜的主观感受的时间的tempus，“见面整4个小时了”的客观及理性的时间是克罗诺斯。但我们大体上通过tempus记住了与他们的关系，这就是“回忆”。

冬天

请让我们相爱吧

请让我只选择一个人

为了最美的果实

请让我管理这个

肥沃的时间吧。

——金玄乘《冬天的祈祷》中

我们看一看金玄乘诗人《冬天的祈祷》里的“请让我管理这个肥沃的时间吧”的句子吧。绝对的时间观念克罗诺斯，绝不可能变肥沃。可以这样写是因为有相对时间观念的tempus。换句话说想肥沃自己生活的时间、自己生活的tempus，必须需要好好耕耘与人们之间的“关系”。

人不是合理的动物，而是合理化的动物

社会智能是遗传要素基因和通过模仿传播到人们之间的文化要素——文化基因相结合的。看看周围有天生的“关系的达人”。在讲社会智能的时候，遗传要素是不可忽视的一个理由。

还有兄弟姐妹一起折腾长大的孩子比独自一人成长的孩子比较容易与别人接上关系，因为模仿很容易形成。

威廉·伊克斯说：“区分最熟练的指教者、最出色的外交官、最有才干的

谈判人、最有实力的政治人、效率最高的销售员、最成功的教师和教授、通查力最高的治疗师的标准在于他是否具备‘具体感情移入’的能力。”

社会智能中最重要的要素之一的“感情移入”区分为“原始的情感移入”和“具体的感情移入”。“原始的情感移入”是指抓住对方表露的心理波长一样的非语言的信号，感受对方的情感。具体的感情移入认知社会将怎样运转，经推理的过程，把握对方的想法和感情意图。

丹尼尔·戈尔曼以Lowroad和Highroad说明了这一现象。Lowroad是无意识地转动的线路，即直觉。相反Highroad是慎重地有组织性地阶段性转动的神经系统的线路，即推论。Lowroad相当于直观的原始感情移入，判断速度快，但不确定。相反Highroad是充分地认识情况，慎重地衡情度理具体的感情移入，判断速度慢，但可确定。Lowroad通过及时感情结合的相互作用，通过比如说话的节奏、快的手动作、稍纵即逝的表情、眼眉的颤动、视线的移动等，主要是脑的“单程”启动。但Highroad是合理性、语言、意义等，进行对话和沟通，主要启动“脑的前额叶皮层”。

人类结合Lowroad要素和Highroad要素，进行感情移入下判断决定，并行动。Lowroad，即可以说只用直觉能够行动的人是没有的。但仔细观察人类的生活，Lowroad闯下的事情，Highroad处理的事情颇多。

于此关联研究一下选择性认知的词语。人如果出现认知失调、认识的不一致，为了扭转到和谐和稳定、一致，不断地启动防御机制。选择性地暴露

“我”，也是因为此。比如，不喜欢听的就堵耳朵、只显示想展现面貌、有时装聋作哑。

因此科幻小说家罗伯特·线高曾说过“人不是合理的动物，而是合理化的动物”。Lowroad已经反映结束的情况下，Highroad所做的事情是把反映的结果打造成像样的事情。

以购买轿车为例。轿车是非常昂贵的产品。因此购买前需要充分地斟酌。大多数人去卖场之前，已经先物色好了适当价格的车。但真去了卖场非常奇怪地冲动购买比预定价格要贵而好的车的情况较多。然后仔仔细细地找出购买的车优于预想的车的长处，反复铭刻在大脑里。还有已经购买了，但看到自己买的车的广告，就非常关注。这是因为要事先排除后悔心理，是个最好的办法。

关系的理财，提高社会智能

评价一个人社会力量的标准，可分为四项。

1.给人们带来多大的整体感。

2.能够表现出多少自己有效的东西。

3.通过自己，能力的影响力有多大。

4.为别人需要的东西，带着多少爱心观察和行动。

我们通过这四个标准，评价一个人的社会力量。

有的人对话好几个小时，说话不着边际，并没有特别的原因，只是不集中听对方的话。某一天批阅的文件非常多，很多CEO一边继续自己的工作，一边听部下的话。这等于说“我的社会智能等于零”一样的行动。

听报告的人尽量谦虚、至少放下手中的工作，应该听取对方的话，才能把对方的力量完整地拉出来。事实上能够说出“不要漫不经心，听听我的话”的部下能有几个呢？甚至上司只是在剪手指甲，报告时还要看脸色的，就是组织社会的下级。因此工作人员绝不能大展自己的力量，这是组织瓦解的捷径。最优秀的领导，是把实务能力强的下属的力量发挥到极致。

有个叫“感情银行账号”的词。好感情的剩余多，关系的利息也增加，坏感情累计多，关系的负债也会随着增加。即我们为了“关系的理财”随时都要整理感情银行存折。其结果实际上说明自己的社会智能，因此对这个数据应该要敏感应对和思考。

沟通的本质是共鸣

一起演奏同一首曲子的大提琴手的右脑神经线路的节奏，显现出非常类似的形状。就这样整体性比一个人的左脑和右脑，另外两个人的脑和脑之间更强烈的体现。听美丽的音乐、看好电影，与我大脑的左脑和右脑结合的强度比起，一起享受的其他人的脑感受的整体感更大。因此通过感情投入引出共鸣的社会智能，成为社会的一体，威力相当于核武器。

这对于个人也同样。不能形成共鸣的个人没有魅力。正确说其实有魅力，但谁也不会对他的魅力有关注。不能形成共鸣，再聪明、再有钱、长得再帅，都没用。自我陶醉的魅力，再不是魅力了。但相反情况下，相比核武器一样，有巨大的协同效应。

那么有没有扩大共鸣宽度和深度的方法？就是“有品位的话”。

嘴“口”集三个就成了“品”了。人的品格是从嘴里出来之意。穿得再漂亮，说话没有品位，那个人本身看起来就没品位。想成为有品位的人，一出口，就只一句话也有他独特的芬芳。使用有自我独特芬芳的话，这就是成功的口才。东京银座有名的女老板增井樱，通过自己的经验体会到，为了成功关系的对话方法，她如下说：

第一，对话时，对待对方的不是“其中之一”，而是“唯独你一人”。不管谁都想得到特别的待遇，希望感受到自己是唯一的。

第二，“气氛要直言，谈判要有变化的口气”说出。现场的气氛，如果绕着弯说，容易引起误会。与其得到没必要地误会，不如直说自己故事，绕弯是在沉重的谈判中用起来比较好。

第三，对方说出不平不满时，要放慢说话的速度。兴奋了对话的焦点会模糊了。制止了，不平不满会变大。即压住兴奋才是关键。

第四，对方表示关心时退一步，是为了关心不凋谢。想把对方的关心持续下去，不要立即做出反应，表现出稍许的漠不关心。不仅是恋爱，在商贸中也是如此。

第五，对话结束时始终用希望作为结尾。对话的结尾如果不舒服，相互的存在感也变得不舒服。有希望，才能相互在心底记下，这样才能再相会。

但知道这一切之前，一件事情要放在心上。不要努力去说服别人。沟通的本质不是说服，而是共鸣。其实人并不是容易被说服，看起来被说服，这是不得已的情况之下的支配——被支配关系较多。共鸣是心和心的波长相见，互相呼应，没有共鸣就没有感动。

培养共鸣，需要提高“和蔼可亲”。和蔼可亲是感到对方从精神上理解自己，真诚对待时产生的亲近感。还没有读懂引出灵活相互作用的非言语的信号，而做不出相应行动的所谓“非言语信息障碍”，也要引起注意。经常讲玩笑，听不懂人话的“沙悟净”就是其中之一。

察觉对方的感情和需要，做出反应的撒娇也重要。日本人就是把这个撒娇当成最高的品德。不是谦让层次，而是感情投入层次立即撒娇，应该很自然地有智慧地对付非言语信息障碍。

强化心理的视力

学识和地位高或有钱的人中，竟然有不少内心盲的人。他们稍不注意就读不懂人际关系的流向。过于深入某个领域，往往表现出对社会有自闭症状。这样的人大部分有表示自闭症潜在状态的亚斯伯格症候群。

他们认为琐碎的闲聊非常没必要，病态地忌讳电话通话方式，与工作有关的情报只通过邮件得到。有同性的运动者，几乎跑步似的在前面走。在自己的领域可能是独一无二的存在，但关系方面是零分。数学领域相当于诺贝尔奖的菲尔兹奖获得者剑桥大学数学教授李察·艾文就是这样的人。

“心理视力”是猜中别人心理的能力，即感情投入的最基本的能力。具备这样的心理视力：第一，应该能够区分“我”和“别人”；第二，应该认可他人与我有不同的观点；第三，从另外的观点看状况，应该认清对方的需要可能与我不一致。

妥协和谈判关系中失败的最大原因就是忘掉了前面提过的三个前提，心理视力变弱的状态下对待对方的缘故。

不懂得关心的人表现出以下三种类型。

1.马基雅维里型：为了目的，不择手段和方法。认为他人的存在是为其目的服务的手段而已。

2.水仙花型：错认为他人只是为了赞扬自己而存在。

3.精神变态者型：反社会性格障碍，始终把他人认为事物或“那个”对待。

他们在与他人的关系中根本没有“关怀”之心。没有关心，理所当然社会力量也不能变大。心理视力即可在他人的关心中能够找到。这是为了获取整体感的努力，是感情投入的力量。

好领导大概都有这样的特征。他们聆听他人讲话，善用鼓励，善于沟通。

还勇敢、有幽默感，拥有共鸣能力，不仅如此还有责任心和果断力，谦虚并要共享权威。不好的领导多是老顽固型，易怀疑，有隐瞒的倾向，威胁、性格急，以我为中心。同时优柔寡断，喜欢埋怨他人，傲慢。好领导与坏领导的最大差异在于心理视力。

德，领导的社会智能

卡内基梅隆大学的心理学家科恩·谢尔登，通过感情和健康之间相互关系的实验，提出了如下的结论。

1.与某人有纠纷经历的人比没有经历的人，患感冒的几率高出2.5倍。

2.被他人孤立要比不停地争吵对健康有害。人际关系幅度窄的人比社会关系网宽的人，患感冒的几率高出4.2倍。这比吸烟引起的感冒数值更高。

3.社会融合好的人，病康复也快，能够长寿。

狄恩·欧尼斯博士在《关系的炼金术》里说："我们的生存决定在于：爱、亲密感、关系引发的惊人治愈力量。"我跟某人建立友好关系，这个关系让心理平稳，提高活力。在这个意义上探病与其他活动不同，不是表面的装作。幸福出自关系，要建立友好关系，必须提高社会智能。

与此相关社会关系中有必须遵守的5项品德。这是维持友好关系的必须的条件。

第一，应该有原则。原则使关系坚固，没有原则的关系肯定松懈。即关系也要在信赏必罚的原则下，明确而果断地行动。

第二，应该以肯定作为基础。我心里的状态好，所遇见的人也是好人多。相反，我的状态不好，工作、人际关系也会拧。即，肯定之肯定，否定之否定。

第三，需要持续。关系持续了才有力量，不能持续的关系就只是飘过的烟云而已。

第四，应该积累。积累的关系形成一个网，是我生存在这个网里，正常积累的关系产生效应，打开新的地平线。

第五，应该有满足。满足使关系丰润，不能给予满足的关系，不可能维持。因为感到满足了，才能进行再生产。即通过关系，能满足自己和他人的人，才能成为最好的胜者。

领导的社会智能就是“德”。从随和性格的刘邦打赢了中国最厉害的武将项羽就能知道。刘备不是像关羽和张飞那样武艺高强的将帅，也不像诸葛孔明那样有智慧，但成为三国志的重心人物。乔治・马歇尔带上星章为止，整整用了18年时间，但二次大战时被称赞为英雄。之后欧洲兴计划的倡导者把自己定位，后来还得到了诺贝尔和平奖。

这些得以实现的原因是什么呢？正是有了德。品德之将乔治・马歇尔，关于对待人制订了这样三个原则：“让手下的人光荣，下派的任务不要干涉，宽容地对待正直的失误。”

亚洲首富李嘉诚讲了他的“10-11-9”的法则。“拿走利润的10%在别人看也是公正，如果可以拿走11%也可以，还是只拿走9%吧，这样钱会不停地进来的”。钱也有德，即有了关系的智慧时才能积累。

有句话叫德胜才。德应该先于才。把两个儿女送上哈佛大学和耶鲁大学的全彗星博士始终教儿女德胜才的道理。德川家康作为遗言留下了这样的话：“只知道赢，不知道输，必受害”。总想赢，不知哪一天肯定会树敌。需要竞争对手，但敌人就危险了。人不可能没有敌人，但没必要除了我之外都变成敌人，故意输也是社会智能。使对方紧张固然重要，但更重要的是紧张自我，不要忘了消除对方的紧张，才是在关系中取得胜利的捷径。

“不同”，不是“差别”是“差异”

明代永乐帝时期宦官郑和，30余年间7次下西洋。比瓦斯科·达·伽马开拓印度航线早93年，比哥伦布发现新大陆早87年。哥伦布率领包括圣母玛利亚号在内的3艘船，在航行过程中发现了一直认为属于印度的一部分的美洲大陆，那一年是1492年。

孟席斯发表了与此关联的一个有趣的学说。他以在中国发现哥伦布之前的航海地图和在美洲海岸发现的推算为560年前的中国船舶残骸为根据，主张郑和比哥伦布早发现美洲大陆。我们追究这个主张是否正确之前，首先要导出包含这样历史事例的哲学意义、认识论的意义。因为另一个发现是与发现新大陆相媲美的让人尊敬的事情。

东方主义是指殖民地争夺战中的帝国主义列强们看待劣等的北南美洲和亚洲等地区的贬义词。这个单词与词意不同，可以看出认为肯定劣等的启蒙主义时代西欧人们的面貌。他们把“不同”认识为不是“差异”，而是“差别”。他们越过了东方主义之后，真正懂得全球化可行，也是最近才懂得的事情。当然我们这个社会，多多少少也会存在现代所有问题是从西洋来的西方主义的想法。为了拥有全球化的眼光，首先应该摒弃东方主义和西方主义的偏见。单纯学外语，学习国际范儿，也不能成为全球化。全球化是他人的认识，即从“不同”不认为是“差别”，而认为“差异”开始。差异不要看作是差别的根据，应该要看成价值的出处，全球化时代这是理所当然的事情。

第八章

知识，看不见的未来财富

看未来，就发现看不到的东西，
要关注「看不到的财富」，
知识是高品质的权力。

迎战现代歌利亚的知识战士，托夫勒

知识就是权力及财富。听起来觉得有点理所当然，但作为未来社会最强有力的信号，最早关注和传播的人是阿尔文·托夫勒。

知识和想象力作为武器，迎战我们现在面临的叫巨大的歌利亚的知识战士阿尔文·托夫勒，他与以《意识形态的终结》而闻名的丹尼尔·贝尔，《大趋势》的作者约翰·奈斯比特一同成为诊断和预测世界未来的三大未来学家。

1928年出生于美国纽约的阿尔文·托夫勒小时候非常贫困。十多岁时在纽约布鲁克林的洗衣房工作，日工资只能挣到买泡泡糖的钱。可能每小时不到1美元，但那时的经验是造就他的基础。1949年纽约大学毕业后，5年来在工厂做了钣金组装线上的工人，汽车和飞机引擎、白炽电灯、发动机模块的生产等工作，也曾在铸造工厂的输送管道上爬来爬去。他还体验过在岩石上打眼的工作，凿岩剧烈的体力劳动等亲自体验最底层的生产现场，甚至经历了失业的悲哀。这种现场经验为基础，阿尔文·托夫勒开始给有关劳动组合的工会上投稿。他年轻时期是马克思主义者。

开始他主要写了关于政治和劳动问题的文章，后来逐渐转移到商业领域。在1964年写的《文化消费者》里，以敏锐的洞察力得到了重视。但能够让阿尔文·托夫勒一跃登上世界未来学家位置的正是1970年发行的《未来的冲击》。

之后每十年都会，拿出让世界瞩目的著作。

哈佛大学教育学教授霍华德·加德纳在自己的著作《创造的心》里，主张“10-10-10法则”，研究创造性巨匠们，大致经过10年的孕育期准备成熟，其后10年发挥其创造性，在其后的10年把这个创造性扩散到其他领域的理论。这样看来霍华德·加德纳提出的创造性的秘密，原封不动适用到了阿尔文·托夫勒的身上。

托夫勒1970年的《未来的冲击》之后，10年间经历了创意的孕育期，1980年在《第三次浪潮》里发挥了未来创意的真实价值，从1990年《权力的转移》，1993年《战争和反战争》，到2006年《财富的未来》，在各种领域扩散了未来创意。

走在创造性巨匠前哨的阿尔文·托夫勒的著作有几部，但实际上是一个。他的新著作始终是连续前一个著作中追求的观点的延长线上。因此想深入理解托夫勒，需要有层次的阅读。

强调，不是未来的冲击

年轻时关注劳动和政治领域的马克思主义者阿尔文·托夫勒，研究未来的动机就是变化。认为世界极具变化，他观察未来的事情，很自然地开始了。对于托夫勒，变化是“未来渗透到我们生活的过程”。

他尤其重视变化中的加速度，在1965年《地平线》刊物上发表的文章里，为了说明很短的时间，发生的太多变化，由此引发的压力和失去的方向感，引用了《未来的冲击》的用语。

1960年不管在政治上还是在文化上，美国非常混乱。反对越南战争的反战运动、黑人的民权运动频发，崭新登场象征嬉皮士等的文化现象。1969年人类登上月球等事件，充分让人们受到冲击。

因此阿尔文·托夫勒还曾提出，尼尔·阿姆斯特朗第一次登上月球的那一年7月20日定为祝贺发现人类来历的泛世界的每年例行节日。

这时阿尔文·托夫勒懂得了，调整时代变化速度，摸索出适应变化的方法是迫在眉睫的任务，他担心世界陷入大规模的适应破裂，为了适应已经现实化的变化，应该努力关注未来渗透日常的过程。为了他提出新的适应理论，写了《未来的冲击》这本书。

在《未来的冲击》，阿尔文·托夫勒的重点不在未来，而是在“冲击”上。怎样去适应人类还未经历过的极具加速化的冲击，是当时托夫勒苦思的问题核心。奥格本提出的“文化落后”理论中受到影响的托夫勒，在这本书上观察到了未来加速化的渗透过程，摸索了人类的适应方式。

在《未来的冲击》中托夫勒所展示的未来意识，并不是很精通。当时他的未来概念，在世代感念的延长线上。因此《未来的冲击》的第一章是《第800次人生》。

他假定人类生活的最近5万年大约以62年为一个人生划分，其中存在约800

回人生，等于说其中650回人生就在洞穴中度过。还有到了最近70回人生才通过文字能够开始有效地沟通，尤其强调印刷语言沟通的是最近的6回左右的人生。

他指出我们现在经常使用的物品绝大多数是第800次人生中开发的。正是这800次人生中，变化从没有这样加速过。因此这个变化，即未来渗透引起的冲击和适应问题就成了人类解决的重要的迫在眉睫的任务。

就是在这种问题意识中阿尔文·托夫勒的未来学创意经历孕育期。阿尔文·托夫勒反对当时的普遍看法，认为基本家庭（核心家庭）立即会引起裂缝，当时已经预见了遗传基因革命、一次性用品出现在社会等。他10年的孕育期的准备和成熟过程中的问题意识，通过《第三次浪潮》开花结果、发扬光大了。

滔滔流淌的希望模式，第三次浪潮

《未来的冲击》焦点放在了变化过程和适应问题，那么《第三次浪潮》是对变化方向的真正的探索，即重点探索了比变化加速化还要快的变化，引领我们走向哪一方向，其模式是什么。

《未来的冲击》发行之前的1969年发生了令人震惊的“人类登上月亮”的事件，《第三次浪潮》发行前的1979年发生了“伊朗事件”。但阿尔文·托夫勒没有埋没在事态的现象里，重视了底部流淌的低流。看现象，因嘈杂的不和谐，好像全球都陷入在混乱中，他看到了其背后让人吃惊的一个有希望的模式正在滔滔流淌。

阿尔文·托夫勒把人类历史比喻成第一、第二、第三次浪潮，重新模式化了。第一次浪潮之农业革命，经历数千年；但第二次浪潮之产业革命只用了300年；第三次浪潮之一的信息化革命，他展望20~30年之内形成。

第一次浪潮约一万年前，农业的发明经过了数千年的农业革命集中体现，一句话“犁革命”。但阿尔文·托夫勒没有详细提及第一次浪潮所具有的特征。第二次浪潮只用6项指导原理，突出与第一次浪潮之间的差异。

第二次浪潮是产业革命，“工厂烟囱文明”的到来。阿尔文·托夫勒所说的“第二次浪潮6项指导原理”如下：

1.标准化：度量标准化、标准工具、标准方法、标准时间等。

2.专业化：产业细分化的专业化。

3.同时化：9to5、上下学闹钟、为了时间的准时性出现的挂钟和手表。

4.集中化：城市、府集中使用化石燃料。

5.极大化：目标是东洋最大、世界最高等。

6.中央集权化：政治中央集权化。

第三次浪潮是指以信息知识革命的新型文明的到来，第三次浪潮逐渐并全面代替第二次浪潮的6项指导原理。

标准化为极速标准化，脱掉了清一色的外衣，增加了多样性；专业化蜕变成生产消费者化，以生产消费者的概念出现；同时化变成非同时化；集中化变为分散化；极大化改变为极小化。德国实践性经济学家及环境运动家舒马赫在《小是美好的》著作中预见极大化走向极小化而闻名。最后的中央集权化转变为脱离中央集权化，变成矩阵组织化。

要想理解变化的方向和模式，应该用更战略的眼光看这个加速化的变化。这一点就是我们读《第三次浪潮》的真正理由。阿尔文·托夫勒尤其通过《第三次浪潮》，重视了生产和消费合为一体的混合体的出现（生产消费者=生产+消费者），这就是《财富未来》的关键词之一。

当然地球上还共存着三次浪潮，为了社会发展，三次浪潮的战略在各个地区运用和相互冲突。因为世界不可能同时走向一个方向。

在这里我国属于特殊的例子。在半世纪左右的时间里，经历了全部的三次浪潮的剧烈的浪涛，是属于罕见的情况。其他国家经过300年进行的产业革命，几乎30年内就经历了；其他国家进入信息化社会的道路上，那我们在不知不觉之中，达到了引领他们的地步。这是怎样做到的?

我们内心三次浪潮，就是狩猎思想、产业化思想、信息化思想一同在涌动。这可以说是优点，也可以说是缺点。缺点是本应该直线前进的发展线路，也会成为把线路绞成一团乱的起因。

韩国需要克服的问题和韩国被赞扬的伟大，这两个同时起源于这里，因此这就成为今后“韩国未来学”应该解决的课题。

从基础开始变化，知识是高品质的权力

《未来的冲击》讨论了加速化的变化过程和适应问题，《第三次浪潮》重视加速化的变化方向和模式，《权力的转移》是论这个变化有谁怎样管理、控制的问题。

阿尔文·托夫勒很早就脱离了马克思主义世界观，但他看世界的方法和框架，依然有马克思主义方法论的痕迹。在《权力的转移》里尤其明显。在这本书里阿尔文·托夫勒强调了权力不是自动运转，而是跟着创造财富的系统运转。这是马克思主义的基础和上层建筑的认识框架起作用的结果。但阿尔文·托夫勒比马克思更具有灵活地思考体系。他只重视了权力斗争与创造新财富系统之间关系的流动性。

阿尔文·托夫勒把权力的三个源泉，规定为暴力、财富、知识，定位暴力是低品质权力、财富是中等品质的权力、知识是高品质的权力。平常论阿尔文·托夫勒的《权力的转移》时，从暴力到财富、财富到知识，权力源泉的移动，说成是他的全部，其实应该更慎重地分析的部分另有其他。那就是新财富的创造系统。导致新财富创造系统才是真正权力移动的原因。

阿尔文·托夫勒《权力的转移》发行的1990年前夕，东德社会主义的瓦解和旧苏联的解体成为现实。在这里托夫勒披露了权力的大地壳变动，连贯了替

代旧的财富创造系统的新的财富创造系统即将到来的观点。当今的权力斗争完全与新财富创造体系有关联。即非常迅速的流动数据、灵感、象征体系等第三次浪潮的新创造财富系统与工厂烟囱文明即第二次浪潮之旧的财富创造系统全面冲突的过程，就是当今全球性的权力斗争。

就这样革命性的财富创造系统赶走了产业革命系统，在这之上建立新的权力。这个权力就是知识权力。2006年《福布斯》杂志选出的世界前10位巨富。第一位是微软公司总裁比尔·盖茨、第二位是投资鬼才沃伦·巴菲特、第三位是墨西哥电信大王卡洛斯·斯利姆·埃卢，他们都是用知识投资赚钱的人。

第四位是宜家的创始人英格瓦·坎普拉德，他的成功项目是DIY家居。就是“DO IT YOURSELF”(自己动手做),自己买来组装的家居，这就是产销合一，即生产者和消费者融为一体的形态。就这样世界前10位巨富中7位是阿尔文·托夫勒说的，依靠新财富创造系统数据、情报即知识交换成为富翁。

加利福尼亚金融家罗伯特，说明企业收购合并过程时说：“首先电脑屏幕上罗列收购价，之后运用各种数据库检查这个标准，最后召开记者招待会。所有过程电脑开始，媒体结束。中间召集高度专业化的无数的知识劳动者，即税法专家、数学模块专家、投资咨询师、PR专家、战略家等，这些人大部分非常依靠电脑和媒体的人。”

最终使交易成功的能力是，比起桌子上摆放的钱，依靠知识的时候会更多。知识才是真正的权力手段。

当今的钱不是“用手亲自数钱”，而是“可以用计算机编程的钱”。这只不过就是一系列“0和1”。这就是超记号化的钱的实体。

快速吃掉慢速

1993年出版的《战争和反战争》，如果说是阿尔文·托夫勒的著作，看起来好像与他没有什么关联，但并不如此。这是1990年初期，从海湾战争中得到灵感而写的。

1950年代韩国战争和1960~1970年代越南战争，投入大量兵力和利用大量杀伤的典型的第二次浪潮的战争，那么1990年代的海湾战争是最初依靠高科技的第三次浪潮的战争。

目睹海湾战争的阿尔文·托夫勒，尝试战争文明史的分析，但并没有埋没在战争本身。在这里托夫勒全面化了权力斗争的战争方式，就是在反应新财富创造系统的前提下，21世纪全球权力斗争的核心问题是掌握知识，展望了知识才能够成为真正权力和创造财富的手段。

第三次浪潮的战争里，重视知识武装。美军很早之前就设定了指挥控制、通讯、情报之意的C3I概念并现实化。军队从地点转移到时间，转变目标。因此没有指定的前线。美军迅速移动军队的感念也是以此为基础的。这个在企业也不例外。

拥有革命的知识

《财富的未来》的原题目是“革命的财富”。为什么叫革命呢？因为未来财富伴随着它的创造、分配、循环、消费、储蓄、投资方式等引起根本的变化，是因为看得见的财富和看不见的财富、货币经济和非货币经济一同看待。其结论是在财富的创造中，知识的重要性可以说是革命性的。

但重视看不见的财富，不是容易的事情。通常的经济学框架上绝对看不到。问题是要从横溢的杂乱知识中，挑选出真正的精髓。

为此需要有自我独特的眼光。知识和书泛滥，现在有10个存储卡就能装上220万册书的内容。220万册书能装在口袋，并不是让人满意的事情，而是否有消化一两本书内容的能力，才是重要的。世界上的知识多得能够伸手都能抓到的，今后应该要做的是把这个知识转变成我内心的知识，并进行目录化的事情。自由自在能做到这样，那么财富已经到了你面前了。

那么到底什么叫财富呢？财富和钱是同义词吗？财富可以说是一种所有，但并不是全部。经济学家们把财富看成效用。财富提供丰饶的生活，以另外形态的财富也可以交换。但所有的东西都带有欲望的共同特点。结果财富意味着满足渴望的某种东西，财富意味着满足某些渴望，财富是能够把这种渴望变成现实的积累而已。

人类最初拥有财富创造系统是生产出剩余经济产品开始。在前面提及过第一次财富创造系统的象征是犁。撒种收获创造财富。第二次财富创造系统象征是工厂组装线。需要机械反复的体力劳动技术和化石燃料能源的结合。第三次财富创造系统的象征是计算机，替代产业生产、土地、劳动、资本的传统要素，用更精密的知识，挑战产业主义的所有原则。

第一次浪潮的财富创造系统主要是养，第二次浪潮财富创造系统主要是制造，第三次浪潮财富创造系统是服务、思考、知道的、经验为基础。结果三次财富创造系统，根本上创造了不同的生活方式。

当今美国在创造财富的以革命方式围绕的新文明的前头领跑。不管好坏，数十亿世界人已经生活在这个革命性财富创造系统里。事实上全世界煽动反美的真正原因是革命性财富和于此伴随的社会文化的变化。

那么在美国这个革命性财富创造系统什么时候开始扎根的？托夫勒认为起点是1956年。那年在美国白领阶层和服务业从事人员超过了蓝领劳动者。知识基础的财富创造系统、新经济起点开始形成。

要关注看不到的财富

1957年10月4日俄罗斯发射了世界第一颗史普尼克人造卫星，这让美国震惊。受刺激的美国冲进了宇宙的竞争里，加速了系统理论、情报科学、计算机软件编程的开发。这一切成为知识为基础的革命性财富创造系统的基础。

产业革命引起了新的理念和艺术及价值观一样，知识为基础的新经济也萌动和扩散了新文化和艺术及价值观。埃尔维斯·普雷斯利的摇滚乐、安迪·沃霍尔的波普艺术等衔接电视的急剧普及，得到大众爆炸性的呼应，嬉皮士们的“忠实自己”的口号，冲击了大量产业社会的相同性。

“取得人类成功进化的秘诀是整理和再生记忆的能力”的托夫勒的预见，通过网络，成为现实了。托夫勒《第三次浪潮》是“因特网”词语都没有的时期出版的，但用“完全新社会性记忆阶段”，预示了它的出现：“现在我们正进入完全新社会性记忆阶段。第三次浪潮文明在4个半世纪前是无法想象的，拥有更多有关自己的更多情报、更精确的组织化情报。我们现在正在人类的记忆里赋予生命。”

革命正在进行中。与此伴随进行的文明会挑战我们知道的财富的所有事实。

新财富创造体系，伴随新的生活方式，即新文明。伴随新商业结构、家庭形态、新派音乐和美术、饮食、时装、身体美的标准、价值观、宗教或对个人自由的新态度等一同涌来。这一切相互作用，具体化刚刚新生的财富创造系统。

托夫勒强调未来形成的最有力、最有魅力的三个深层基础是时间、空间、知识，不仅重视“看得见的财富”，更应该重视“看不见的财富”。

新财富创造系统，用通常的经济学框架是无法理解的。为了展望未来，我们也应该重新研究深层基础。研究要从古到今，包括未来，创造出来的一切财富背后存在的原则。

撕掉过去的时间表

财富创造系统的第一个基础是时间，现在在革命性的变化。现在不自我迅速变化，就不能生存了。这里托夫勒的一个有趣的速度比喻。

企业以时速100英里，NGO以时速90英里，家庭以时速60英里的速度变化。社会组织中变化最慢的家庭体系正极速变化着。家庭形态、离婚率、性行为、约会形式、子女养育方式等在快速地改变着。

但劳动组合为时速30英里，保持着1930年大量生产时代的组织、方法、模式。不仅如此，政府官僚组织和管理机构以时速25英里，沉闷而迟钝地变化，美国食品医药局实验和承认新药品需要很长时间，没有生存希望的患者，在等待中离开人世。

更严重的是学校。学校时速10英里，变化非常迟钝且有抵抗性。时速10

英里爬一般的教育体系，能为学生准备在时速100英里奔跑的企业就业的能力吗？当然比这更严重的地方也很多。UN、IMF、WTO等世界性管理机构，时速5英里，政治组织时速3英里，法规是时速1英里。

企业勉强加速生存下来的原因是不断加速的现实中为了生存而拼命挣扎。

现在不管是经济领域，还是其他领域，应该掌握好开始和结束、进去和出来的时机，现在是时机很重要的时代。原来的时间概念只是束缚我们的一种链条而已。

过去劳动者按时间拿到薪酬，高利贷者以时间为依据加利息。结果劳动和时间的价值，以绝对时间为基础而决定，普及了打上下班卡的打表机，泰勒主义经营方式蔓延，时间枷锁越来越牢固了。昨天的劳动系数，以时间的标准长度统办。9点到5点为止的上班时间是数百万劳动者的基本框框。人们机械地、有规律地从梦中醒来，吃早饭，到办公室或工厂上班。按规定交替干活，交通高峰期下班回家，吃晚饭、看电视。所有人某一程度同时化了。

但财富的深层基础，时间和人的关系在革命性地改变。加速化、不规则化、连续的流动，正在改变时间的风景。时装、电影、音乐等流行的有效期越来越变短。现在网上3分钟几乎接近永久的时间了。

还有，同时化和非同时化之间的紧张在增加。“9to5”工作的人占全体劳动者的三分之一之内，全家人聚在一起吃饭，一起看电视的景观也正在消失。各自吃，各自看想看的频道，自己方便的时候看，自我制定活动时间，变成了自由工作者时代了。

现在美国劳动力的四分子一是自由工作者。商品和市场个人化变动并行，从“非个人化时间”迅速向“个人化时间”转变中。“24/7（一天24小时，一周7天都开门之意）”的年终无休日营业方式也在迅速地扩散。未来交易系统肯定会成为24小时体系。想想市场上商品有多快地循环，以书为例，书出版三周没有变化，那个位置就有新书来替换，这是现实。

现在还有每个人有相当非同时化。所有人好像经历上班高峰期，但在这个时间已经有很多人没必要移动。他们不是失业者，都生活在另外的非同时化的时间里。财富创造系统在时间中正迎来革命。

约瑟夫·熊彼特强调为了发展，需要“创造性破坏”的疾风，想要发展需要风。创造性破坏，首先要撕破的是“昨天的时间表”。

在境界之外私有

就像时间和人的关系引起变化一样，又一个深层基础空间和人的关系也在变化。

大规模财富的地理转移在展开，财富的移动走向亚洲。阿尔文·托夫勒说，财富正往亚洲移动。中国问题专家罗伯特·曼宁也说2050年世界人口的一半以上，世界经济约40%、世界情报技术产业的一半以上、世界级水平的尖端军事力量集中到亚洲。

这是充分可以预见的事情。我们生活在不断地相互交替的世界里。如今出国境旅行的年均人口占世界人口约8%，即达到约5亿人。这是相当于1650年世界人口的数量。就如此我们无国界来往于各国。国境界打破了，有了杂交第一代，即变成杂种，跨界之后不断相互缠绕在一起。

托夫勒说，1990年形成的世界化的第一次浪潮，经历了第一次世界大战，后，脱离了世界化。但1989年东欧社会主义解体同时，世界重新走向再世界化，在这个过程中联合、组合等现象出现了。

就这样空间概念变化时，需要重视的不是这个世界，而是在其里面隐藏的细小的事情。今后创造财富的事情，会在更加微细的层面上发生。

现在越来越可以在更低的层面上能够创造财富，不停止在单纯测定纳米单位水平。将达到皮米（微微米）、飞母托（10−15）、阿托、仄普托，也许终究会到幺托。

知识越用越增加

知识以新的方式结合的时候，以新的效应出现。以前没有关联的灵感和数据，还有情报和知识，想要以新的方式结合，必须有想象力和创造力。财富的另一个深层的基础知识，带上想象力和创造力的翅膀，迅速地改变社会经济学的环境。

整理知识固有的特征，那是非竞争性、无形态、不直接而是关联性，与其他知识相融，比任何商品移动方便。还有可以压缩成象征或抽象的概念，可以存在越来越小的空间里，可以是明确的，也可以是暗示性的，很难密封地传开。尤其与想象力融合，其价值爆炸性扩大。

就这样与想象力融合的情报服务所拥有的价值是无穷无尽的。因此没有与想象力融合的知识可以比作未来经济中的石油。但石油和知识的根本差异是，石油越用越少，知识是越使用，创造的就越多。

在革命性财富里对知识的重要性更凸显，同时再次凸显文化、宗教、道德价值。结果时间、空间、知识的革命性变化，使得毫无预想到的历史事件重新显出。产销合一的生产与消费结合的方式复活了。

第一次浪潮和第二次浪潮的经济里产销合一，一直被缩小，但第三次浪潮里极速扩大，更有效且新技术会提高产销合一的生产性。100万劳动者失业，为了解决这个问题需要创造100万个岗位，但产销合一主导的知识集约型经济，这样的假设是不正确的。

要正确预测财富的未来，不是只为了赚钱而工作，要观察趣味志向的产销合一活动。我们每一天生产出多少无报酬的产物，也就是知道后人们也会受到刺激的。比如，UCC与服务主体制作的产品不同，是使用者亲自制作、供应的产品。“生产者”和“消费者”的界限打破，各个网站争先恐后地作为未来收益模式基础的UCC收集平台，拿出“多媒体UCC”服务。最近各个网站业户持续强化UCC服务，主攻掌握多媒体UCC的掌握。但本质上UCC，为的不全是赚钱，是自我满足和“趣味+意义”的志向中做出来的。

要确切认识财富的未来，需要重视产销合一。这已经深入到我们社会。

不能预测未来的创造对象

对于看未来的眼光，肯定和乐观的未来观会胜利。记住海伦·凯勒说的“悲观论者，揭开天体秘密或航行地图上没有的地区或打开人类精神世界新的地平线的事例，仅一次都没有过”或德怀特·艾森豪威尔说的“悲观论者在任何战斗中也不能取得胜利”吧。

看未来就是看现在看不到的东西，但并不仅仅是推测或预测，也不是命运已经决定的问题，用魔法断言的，看未来是为了创造未来。托夫勒把这个称之为“未来人性化”。将到来的宿命，未来并不是另有其他，是全部动员人类的智力和想象力，在现在这个位置上，开始不断创造未来之意。在这个意义上真正的未来学是“现实学”。我们重视托夫勒，倾听他故事的原因，实际上就是为了突破我们面对的现实。

未来像小偷一样悄悄地接近我们身边。未来并不仅仅是预测的对象，是我们从今天开始一直创造下去的对象。未来不是决定的宿命，而是未完成的摔跤场地、战场。未来是现在每一个瞬间发生的我们灵魂的陶瓷一样。正视未来的流向，不要被动等待未来，而能动性地、积极地，崭新创造吧！

阿尔文·托夫勒预见的“新财富创造系统”

1.新财富创造系统更加依赖数据、情报及知识的交换。在这一点上是“超符号功能”。没有知识的交换，就不能创造新财富。

2.新财富创造系统脱离大量生产，走向有弹性的订单生产，即脱离大量生产。这个系统因为新情报技术，各式各样产品，甚至特殊订单，接近大量生产费用的成本，短时间内可以生产。

3.以往的生产要素土地、劳动、原料及资本，以符号化的知识替代，减少了其重要性。

4.金属货币或纸币被电子情报替代，成为真正的交换手段。资本的流动性急剧提高，在一夜间巨额资本解开、打造、分散。同时尽管现今巨大的资本集中化，资本供应源泉的数量还在增加。

5.载货和服务模块化，构成标准的增值和要求不断修改的系统。由此为了掌握标准基础的情报，引发战争。

6.移动缓慢的官僚体制，小规模工作单位、临时或临时委员会团（临时委员会制度与象征永久机构的传统官僚组织的功能部门不同，适合娱乐产业社会的组织形态，几个团队聚在一起，解决特殊的短期问题后立即解散的临时机构），被更加变复杂的企业合作组织的联盟所替代。等级体系为了更迅速地决策，官僚组织化被自由流向的情报体制所替代。

7.组织单位数量和多样性增加。越是这样的单位增加，彼此间的业务处理增多，就应该有更多的情报产生、传递。

8.劳动者的相互交换性更加减少。过去工业劳动者所有的生产手段不多，但现今是最强有力的财富的增值工具，是劳动者头脑里的符号和象征。因此现在的劳动者拥有的生产手段最重要，这是不能替代的东西。

9.现在新的主演不是蓝领劳动者，也不是资本家，也不是管理者，是把创意性知识和行动相结合的革新者。

10.财富的创造，废弃物成为下一次生产周期的投入物再生的一个循环过程，这种认识逐渐增加。这个方法依赖于电脑屏幕体系和更科学的环境知识。

11.因产业革命而分离的生产者和消费者，在财富创造周期再结合，顾客不仅用钱做贡献，还提供生产流程必需的市场及设计上的情报。购买者和供应者共享数据、情报及知识。也许有一天，顾客就能启动原产地的生产工程，消费者和生产者融合为生产消费者。

12.新财富创造系统既是地域性的，也是世界性的。

第九章

战略，改变人生质量的智慧

成功在刀刃上
死在自己手里的武器上。
熟知战略，有智慧才不会有委屈。

成为人生智慧的战略家

生活本身就是不停地战斗和冲突的连续。人生是子弹横飞的战场，人际关系的本质是矛盾，昨天的同志成为今天的敌人，挡住我的去路。

从人类特点上看，历史上的战争是不可避免的。因此战争成了生活的方式，战争的方式成为生活的方式及文化。战争在我们的生活中，表现为多样性。人生的成败就在不可避免的冲突状况下而被决定。

亚瑟·叔本华说，为了在一切以欺骗方式进行游戏的这个世界上生存，应该具备钢铁般的意志和能够阻挡击打命运的铠甲、击退敌人前进的武器。因为人生是个漫长的战斗过程，人生的每一阶段都要战斗。以悲观主义闻名的哲学家，具有这种积极的人生意志，也真是罕见的事情，但他说得很正确。

我们成功的时候，战场的刀刃就在那惊险的境地艰难成功，我们死的时候，在不知不觉的情况下，因自己手里的武器而死。某一天认为自己成功的那一瞬间，反而被自己握住的刀柄刺伤，这种有讽刺意味的事实也是躲不开的命运。

我活着，就是证明拥有追溯数万年祖先们世世代代积累的生活的痕迹。这个痕迹原封不动地凝聚在我身体里。我们在生活中碰到的场面，好像已经在什么时候经历过一样，时常陷入到错觉的时候。这就是幻觉记忆现象。不是自己亲身体验过，但从我祖先遗传下来的生活的痕迹，是在我的身体和魂魄保存的记忆。在这记忆中无数战斗的记忆也是存在的。

我们身体里有战斗的遗传基因，满是鲜血和狼藉的战场，还有左右政治的会议室的桌子上，人生和事业的所有篇章里都展开着战争。

胜利还是失败？掌握主动，还是被动？在人生和事业的战场上阻挡失败，取得真正的胜利，应该熟知战略。只有有智慧的战略家，才不会遭到冤枉的失败。但我们至少经历一次失败，有了失败的经验之后，才长吁短叹。之后更加重视战略。

人生和事业的战争有相同的一面。因此在孙子的《孙子兵法》、克劳塞维茨的《战争论》、修昔底德《伯罗奔尼撒战争史》、宫本武藏《五轮书》等东西方古典和汉尼拔、成吉思汗、拿破仑等历史上伟大的战略家那里得到的人生和对事业的指点，应该重视。

在这个方面“战争的技术”不能不吸引人。以《诱惑的技术》，得到人们关注的罗伯特·格林以《战争的33条战略》，煽动我们好战。诱惑和战争看似不同，在“招数战争”的本质上是一样的，只是这个技术分成技巧和战略。

不要惧怕反目，不如成为恐惧的对象

战略是指“军队指挥”之意，源于古代希腊语的将军。我们的人生、事业需要战争的技术。面临战争，将怎样指挥战争，战略的最高境界是不战而胜，不流血而取得胜利是最完美的胜利。以武力制服对方之前，有必要在心理上压倒对方，为了达到这个目的，首先知道对方是谁，敌人是谁。

敌人的拉丁语语义是鬼蚰，是“不是朋友者”之意。不是朋友的对方是敌人。这非常单纯，但是是非常重要的事实。真正的朋友是谁，真正的敌人是谁，正确分清是对待战斗和战争的第一个态度。

以“铁娘子”闻名的英国首相撒切尔，通过自己一生，明确区分自己和敌人、彼我、成功的任务。她是新型的政治人，穿着普通，看起来不像政治家，倒像家庭主妇，但不向温和妥协的政治人，显得直接而好战。

1982年马尔维纳斯群岛战争爆发时，没有正确认识撒切尔政治手段的人们认为撒切尔不能有效地应对复杂的战争。要么用灰色战术，要么与阿根廷谈判。但撒切尔宣战，对抗阿根廷军，经过6个月的战争后，终于取得了胜利。

1979年大选中带领保守党取得胜利的撒切尔的选举方式很特别。选举运动期间，在市场上她一手拿着象征劳动党的橙色购物袋，另一只手拿着象征保守党的绿色购物袋。橙色购物袋里的东西不到绿色购物袋的一半。她对有选举权的人喊，现在劳动党管辖之下1英镑只能买这些（橙色购物袋的物品），如果保守党执政，就能买这些（指着绿色购物袋里的物品）。

撒切尔的成功是能够明确区分敌人和自己的战略。撒切尔刻画了差异，画出了明确的线，最终赢得大选。撒切尔的座右铭是“不要惧怕和恐惧”。撒切尔说不要炫耀没有敌人，只是没有分辨出谁是敌人。因此她成为英国保守党党首时，成为最有力量的首相。也许是因为说了这个话。“不要陷入得到别人好感的诱惑里，成为受人尊敬的对象或干脆成为惧怕的对象”。

果断宣布成为人们惧怕的对象、憎恶的对象，选择正面突破的玛格丽特·撒切尔，现在我们重新回顾撒切尔的原因就在这里。

没有无对手的胜者

平时关系欠佳的人，某一天突然表示友好应该要小心。不是要疑心重重，但对方过分亲热，至少要持怀疑，分析其原因，这是危机管理的基本技巧。

我们在生活当中都希望没有敌人，尽管如此有了敌人，并不只是我的过错。很多人在这个关头感到混乱。我没有嫉妒或损害他，他没理由对我这样，因此表示纳闷。但嫉妒和猜疑也可以没有理由，甚至反过来说我受到攻击，这说明我是个重要人物。

当然有敌人，并不只是坏事。敌人赋予我发展的动机，使我更集中于信念。没有敌人，反而变得懒惰，没有奋斗的动力。

我们在这个社会生活，会一直遇到对手。问题是这个存在，要怎样接受。不能一直拒绝对手，只希望对方消失，应该需要思路的转换。因为有对手，再一次更加谨慎，再一次更紧张而动，敌人使我成长。无对手的真正的胜者是没有的。应该知道敌人消失的时候，是最大的危机。

被称之为美国建国之父的第二代总统约翰·亚当斯和第三代总统托马斯·杰斐逊，两个人是死对头。1826年7月4日，亚当斯和杰斐逊以30分钟间隔，去世了。比杰斐逊年龄大，但亚当斯临终前这样说："杰斐逊还活着……"。不能先于他死之意。其实那时杰斐逊已经死了。

对手是让我活到最后的动力。我们想避免冲突，但因避免并不是万能的。有时冲突是最好的办法。模棱两可地想避免冲突，这个战术也许带来毁灭。有时必须正视冲突。在这个对决中有时还有一定要与大敌战斗的时候。我们为什么记住大卫和歌利亚？因为大卫敢于对阵强大的歌利亚，并打赢了。

变化多端地应对

对方越是巨头战争的收获就越大。但不能忽视的问题是越是与巨头战斗，就不能固守过去取得胜利的方式。过去成功的方式，今天、明天也能行得通的想法是自满。过去取得的成功，会成为今天战斗中最大的障碍物。如果反复过去取得胜利的方式，创意性消耗殆尽，终究会失败。

拿破仑伟大的原因有一个，他没有被传统所束缚，革新了战争。拿破仑是没有沉迷于传统，以新的方式战斗的典型人物。

《战争论》的作者克劳塞维茨说："1806年普鲁士的大将们坚持用弗里德里希·大王时期的斜线战斗队形，堕入到张开大口的灾殃里。这是源于老一套想象力的极度的贫困。"

战争技术的老一套就是挖坟墓的事情，老一套制约了想象力，终究会失败。

《五轮书》的作者宫本武藏生前展开了60多回的较量，但因一次也没用同样的方式战斗而闻名。根据敌人的对峙状况，恰到好处地改变了战略。与宫崎又治郎的决斗中与平时不同，早早来到决斗场，击中了敌人的要害。与南村梅轩的决斗中，用了两把长剑和短剑，扰乱敌人，展开近身术，使南村梅轩丧失了掷铁球的机会。与佐佐木小次郎的决斗中，迟两小时到达决斗场，惹敌人发火，扰乱了敌人的心，使敌人的心理失去平衡，从而制约了敌人。

战斗如果变得呆板，必然遭祸。在棒球比赛中，投手具备再好的球技，总有一天击球员研究出球技，会被打出去的。因此为了成为优秀的投手，必须随时变化球技。

在这一点上看穆罕默德·阿里是变化的能手。阿里从开始拳击的12岁起，就蔑视规则，不喜欢用一般方式。手放低来替代手套抬到头和上身前，用脚尖像跳舞似的不停地移动。1964年世界重量级冠军索尼·利斯顿的比赛和1965年的再次比赛，是阿里"非传统"技术最辉煌灿烂的情况。在这个比赛中简直"就像蝴蝶一样飞起来，像蜜蜂一样蜇"，创造了神话。

1974年其他选手退役时，32岁的阿里重新站在拳击台上。对方是24岁铁拳乔治·福尔曼。在这个比赛中他没有使用以往的“像蝴蝶一样飞，蜜蜂一样蜇”的打法。而是改变了打法并先读懂对方的打法。乔治·福尔曼本身有强大的核拳，比赛从不打到第三回。阿里利用这一点，展开了持久战。练习时重点锻炼腹肌，增强抗击打能力。然后在实战中一直到第七回合只挨打。后来阿里得了帕金森病，可能是那个时候挨打太多的缘故吧。不管怎样一直就挨打，第七回合之前趁机找到了逆转的机会。谁都有一拳的。阿里开始向不超过三回的乔治·福尔曼击起手了，结果乔治·福尔曼在第八回合被击倒了。32岁老将阿里把24岁乔治·福尔曼打倒了。

我们应该跟阿里学一招。应该不停地改变自己的形象，躲避过去战争中挖好的陷阱。敌人快要知道我之前，我应该重新改变。这才是不打也能取得胜利的方法。

同时行动与别人不同，会付出社会上某种代价，这种固定观念可能会受损失，变得不方便，这样的偏见要打破。盲目顺从，付出的代价，会比改变付出的代价更大。

茶人的平静心打赢武士

战争的能手，熟悉战争技术的人都有平静的心理，不会亦喜亦忧。但对于犯人，没有再比平静心还要难的性情了。人是容易兴奋的动物，陷入困境就没有忍耐之心，坠入混乱，八九不离十地失去平静之心。但只有保持平静之心时，才能统观整个战场。因此平静之心是伟大指挥家的必修品德。

在这里回顾一下茶人和武士对决的场面吧。看，茶人没有刀，只有茶器。茶人把茶具放在桌子上面，精心地沏茶。茶人在心里想，我喝完这茶后就死，因为武士瞪着眼睛坐在前面。但茶人面对寒气逼人的刀光，还是放着茶具，精心沏茶，看到此景的武士想，面对死亡怎么能如此泰然呢，这个人可能武功了得，现在暂时骗我吧。然后臣服于茶人。

在进行茶道仪式的茶人几乎完美的平静心面前，不存在能够举起刀的武士，是茶人惊人的平静之心赢了武士。

这种事例在我们日常生活和工作也会遇到正面对绝对不会赢的对象，但对方看到我的某种东西，先低下头认输的情况。这种情况下，实际情况之前，对方将怎样看我，很重要。这时也不能自满，更应该保持平静之心。

身心一起锻炼

战争时应该没有心里的藏身处、安全地带。应该把自己推进死胡同、推进绝路逢生的瞬间，这种紧迫的危机感，把潜在的力量赋予强烈的推进力。马基雅弗利这样讲背水一战："古代军事指挥家，非常懂得迫切的强大力量和这使士兵发挥拼死战斗的勇气。”

背水一战，无论东西方，都是战法中最重要的品德之一。

1504年西班牙野心勃勃的19岁青年荷南·科尔蒂斯，开始寻找新大陆，14年后的1518年他成为墨西哥远征队的指挥官。荷南·科尔蒂斯率领的远征队1519年3月登陆了墨西哥东部海岸。登陆后没多久科尔蒂斯把乘坐的轮船全部都烧光了。他的远征队没有了返航的船了，他们唯一能做的出路，只有进攻阿兹特帝国的中心特诺奇提特兰。最终500名左右的科尔蒂斯的远征队压制了50万人的阿兹特军队。远征队因为没有退路才取得的胜利。

我们为了在实战中打赢，才预备练习。把这个训练日常化的人，就是成吉思汗。成吉思汗通过士兵并不认为是训练的方式进行训练。13世纪初期，成吉思汗的部队是机动性的象征。他们惊人的机动性体现了鬼神一样的组织力，这就是称之为“伟大的狩猎”的独特训练方式的结果。

训练时成吉思汗把士兵们至少一排排成128公里。然后渐渐包围猎物，队伍的两边变成曲线，形成巨大的圆形，把猎物包围后，这个圆渐渐缩小，进行捕猎。最后将最危险的猎物老虎捕获。通过这样的狩猎训练，成吉思汗把自己的想法注入每一个士兵头脑里的，在庞大的军队内，与自己的想法统一的智慧系统筑起了团结、信赖及军纪。

在这里不应该忘掉的是与身体一同，心也要坚强地锻炼。对于我为什么战斗，应该要确立明确的观点，因为身心的分离与统一所产生的效果会产生巨大的差异。

拿破仑是历史上最出色的应用兵术的天才级战略家。他用兵术的核心始终是大义名分。初期是法国革命的理想，后期把繁荣法兰西帝国的光荣作为一个大义。因此法国士兵们，不仅仅是一个士兵，以自己是创造神话的一部分而充满了自豪感。感受自我存在感的人，肯定会竭尽全力。这个自豪感像病毒一样传播开，大大提高了法国军的士气。拿破仑说："物品是1，那么精神是3。"士兵们准备好了精神武装，也能击破超过几倍的敌人。

1939年富兰克林·罗斯福总统切实感到军队改革的必要性，无视军队内的排名，把陆军准将乔治·马歇尔闪电任命为新的陆军参谋总长。乔治·马歇尔又把佐治亚洲本宁堡步兵学校的人才提拔上来了。其中一人就是德怀特·艾森豪威尔。

1942年乔治·马歇尔全力任命艾森豪威尔将军为驻欧洲作战司令官，艾森豪威尔在1944年6月6日成功地指挥了诺曼底登陆作战。这个成功在变数非常多的情况下是果敢的决断带来的胜利。

乔治·马歇尔是位非常严谨的人。二次世界大战时莱斯利·理查德·格罗夫斯准将为了得到1亿美元的军事支出费用的认可，走进乔治·马歇尔的办公室。马歇尔忙碌地翻阅材料，一句没说就在1亿美元支出认可书上签了字。准将正要转身出去，马歇尔不经意地说了这样的话："你进我房间的时候，知道我在做什么吗？要买草坪上用的种子，正在3美元52美分的支票上签字呢。"

这不经意的话里包含了，我是这样仔细的人，因此不要随意浪费预算，会得到惩罚的，间接的警告在里面。赋予决定权，但有牵制装置，这就是用兵术。

用我的优势，攻击对方弱点

伊丽莎白一世是被关在伦敦塔等经受了各种折磨后成为女王的人物。她登基女王的那个时期，欧洲的强大势力是西班牙皇帝腓力二世。欧洲全境发生新教暴动时，旧教徒的守护者腓力二世想铲除新教，为了这个要攻打英国，还想把伊丽莎白一世的堂亲及苏格兰女王玛丽·斯图尔特推上英国女王的位置。但在这危机的状况下伊丽莎白一世没有直接跟玛丽一世对阵。

伊丽莎白一世以自己的优势周密地攻击了西班牙的弱点。当时英国的优势是小却有机动性的海军和精密的情报网，相反欧洲强国西班牙的弱点是运营无敌舰队而不稳定的财政结构。西班牙的腓力二世为了经营庞大的殖民地和维持无敌舰队要支出巨大的费用，出现从意大利银行家借钱使用的情况。

伊丽莎白一世任用了海盗出身的弗朗西斯·德瑞克，捕获西班牙从新大陆运过来的宝物船。捕获每一艘船，西班牙的腓力二世贷款利息就要提高。面临财政困难的西班牙急得焦头烂额，终究败给英国舰队。英国是紧紧抓住西班牙弱点才得以胜利的。应该让对方焦头烂额，无敌舰队在大西洋惨败的原因是腓力二世的焦急症。

16世纪在日本出现了叫做新阴流的独特的战术。这个方法是武士摆出的所有与对方一模一样的动作，开始决斗。从脚步到眨眼睛为止，就按照对方做。这样敌人就很困惑。因为看不懂对方的战术。终于敌人失去忍耐，突然开始攻击，新隐流的武士，就抓住这个瞬间，展开反击，制服了敌人。

最优秀的斗牛士首先惹怒斗牛。斗牛发怒越是激烈地猛扑，力气消耗越快，斗牛士不放过这个时候，把匕首插在斗牛的背上。

毛泽东懂得后退战法，是把这个战法运用自如的人物。前进不一定始终好，后退也不一定是懦弱。有危险或陷入困境的时候，有时拒绝战斗，也可能是最好的战略。赚到时间，对外不采取任何行动，储备对内的力量，时机一到就可发挥储备的巨大威力。

长征是后退的战法。与国民党的战斗中，在数量上一百比一的劣势，通过长征的战略性“后退”，储备了力量，终于把中国革命的形势逆转过来，取得了成功。

不战而胜，才是上策

不战而胜，才是最好的战法。《孙子兵法》也说不战而胜，才是上策。

“胜利有两种。不攻击敌人而取得的胜利和攻击结果取得的胜利。前者是上上策，后者是次好”。即使“百战百胜”也不是最上策的胜利。不战而让对方屈服，才是最好的胜利。

一句话，不流血而取得胜利是上上策，这叫做无为的战法。不行动而突破，不控制而制压，放弃纪律而统治，这真有可能吗？有时沉默引起好奇，引起恐惧。要学习，因我沉默，使整个组织紧张的方法。诱惑、引诱敌人到优势不在的状况里，那么敌人会因惊慌而暴露弱点（要害）。这就是无为的战法。

让敌人看起来比实际还要强大，也是战术之一。传说是李舜臣将军开发了圆圈舞，这是为了让自己一方的阵形看起来比敌方要弱的一种计谋。在战争中重要的是敌人所认识的我的样子。

实际上苏格兰王罗伯特·布鲁斯没有正面对抗英格兰王爱德华一世。避开与英格兰军队的正面冲突，运用了只对攻击相应反击的战略。因此英格兰士兵们习惯性地知道攻击苏格兰必须付出相应代价的道理。英格兰士兵们听到苏格兰军队的风笛声都骇然不知所措，并逐渐丧失了战斗意志。因此英格兰不能立即占领苏格兰。

有时需要威慑战略的时候，为了不战而胜，应该抑制战争。要阻挡比我强大的敌人立即进攻过来。威慑战略的4项如下：

1.以大胆的行动，压住气焰。

2.回击对方的威胁。

3.展示不可预测和非理性的样子。

4.积累危险人物的评价。

大战略就是在战斗中失败，但在战争中取得胜利。为了达到这个目的应该先得到人心。亚历山大大王虽然可以立即占领波斯，但没有迅速攻击，而是选择了慢慢前进的方式。为了人心即民心有利于自己一方。拿破仑说：“我尤其感叹亚历山大的不是他的军事战略，而是政治感觉，他有从人们那里得到爱戴的技术。”

赢得胜利的战略有如下四个原则。

1.焦点放在具体的目标

不要被抽象的、模糊的东西俘虏，重点要放在具体的、焦点明确的目标上。

拿破仑把战争的所有过程，都装在大脑里。拿破仑始终以极度细分化的方式把自己的目标可视化。面对军事战略之前，他已经正确地指出战争结束的地点在哪里。他把军事战略的全过程不停地进行可视化，事先检查问题，争取最终胜利。盲目接近的战争，必败。

2.拓宽视野

比敌人看得远才能赢。不要只看事件的表面，要透过现象看到本质。不要看，而应该观。

越南战争时，北越南总指挥家阮连项，看穿了美国媒体等大众文化的本质，把此反利用为发扬反战运动上。结果美国不仅在越南丛林中征战，还要与媒体进行舆论战。

3.要断根

要取得真正的胜利，掌握敌人权力的源泉、敌人移动动机的源泉，猛击根基。只有猛击根基，才能真正胜利。

第二次布匿战争中，汉尼拔利用大象军团，越过阿尔卑斯山进攻罗马，大西庇阿将军判断与强大的汉尼拔部队的战斗没有胜算。他没有正面与汉尼拔交手，去往汉尼拔的根基迦太基本国和军事据点西班牙，攻击那里的军队。结果攻击罗马的汉尼拔，为了守护母国迦太基，急匆匆地返回，终于在大西庇阿的火攻之下，屈膝了。再怎么强大的敌人，只要动敌人的根基就可以胜利。

4.选择走向目标的间接之路

最初看起来压倒性优势的东西，到最后也有失败告终的可能。二次世界大战当时，日本的珍珠港炮击就是这种情况。珍珠港炮击震惊了美国，但作为军事行动的操手，是最差的。日本人过早地暴露了自己的牌。因此美国舆论一下子沸腾了，美国的战斗意志大大提升了。

要取得最终胜利，不要做出叫醒敌人所有潜在能力的傻事。这再次说明了心理战的重要性。

要学会读懂内心技术

很多人评价拿破仑为心理战的高手，但还有比他更出色的高手。他就是克莱门斯·冯·梅特涅。

1806年梅特涅成为驻法国大使，第一次见到拿破仑，梅特涅就看出了，拿破仑非常希望别人看不出自己是科西嘉岛出身，而是欧洲贵族出身。后来成为澳大利亚外交部长官的梅特涅在1810年，促成澳大利亚皇帝的女儿玛丽·路易莎与（与约瑟芬离婚）拿破仑成婚，拿破仑一举摆脱了心中的自卑。这样拿破仑当梅特涅为至交。

1812年拿破仑对俄罗斯进攻以惨败结束，梅特涅在法国和其他欧洲国家之间，毛遂自荐成为调节者。拿破仑坚信梅特涅是自己的朋友及同路人，因此很放心。但实际情况正走向相反的方向。梅特涅要求拿破仑返还在战争中获取的所有领土，无条件地接受强加条约。惊慌的拿破仑拒绝了梅特涅的要求，结果1814年春天在反拿破仑的同盟国战斗中失败后，被流放到厄尔巴岛。

梅特涅判断用武力无法折断稀世战争英雄拿破仑和他的军队，因此觉察出拿破仑的内心世界，反利用了拿破仑的自卑心。想成为真正的胜者，就应该看穿对方的心理。

丘吉尔反利用了希特勒的妄想狂。丘吉尔看到希特勒的妄想症后，看破了他对极小的失败也极其敏感的事实。丘吉尔掌握了将怎样使德国总督发狂。结果伪装攻打像巴尔干地区一样战略上并不怎么重要的地方，成功地把希特勒的军队分散在多个战线上。

再怎么取得情报，不能读懂对方心理，结果只能听、看到自己希望的东西。

阮连项、大西庇阿、梅特涅、丘吉尔等都是卓越的人本性心理学的巨匠。他们面对战争之前，先读对方的心理，表现出出色的实力。只有看穿对方的心理才能赢。

确定控制力，具备机动性

在战争中决定胜败在于谁更多的控制对方，控制力是引诱敌人，随着自己的节奏战斗。确定控制力的4个技术如下：

1.绝不手软地坚持施加力。

2.把敌人引诱到我选择好的战场中。

3.诱导敌人出现失误。

4.让敌人以为控制战况，让其自满。

在这一方面成吉思汗是能手。他的作战战略又叫“慢慢快快”，第一个慢是出征前彻底准备好，第二个慢是让对方松懈，之后快是通过突然袭击，将敌人的注意力转向特定方向，最后快是对方完全预想不到的方向，迅速进行总攻。就这样成吉思汗的军队在历史上能够成为最具威胁的军队。

在这一点上称之为沙漠之狐的德国将军埃尔温·隆美尔也是很出色。看看隆美尔机动战的6个原则：

1.通过速度，挽回数量上的弱势。

2.不要分散，集中视觉空间。

3.混乱敌人后，进行突袭。

4.要坚决果断，扩大机动性到极限。

5.大胆作战，掌握主动权。

6.创造性应对变化，引领战况。

1941年2月到达北非黎波里的隆美尔的德军机械化部队，压倒数量上比他们多3倍以上的英国军，掌握了战势。首先通过速度，挽回了数量上的弱势。

对方战车900台，而隆美尔才320台，为了挽回这个弱势，一定要加快速度。用快速凝聚，引出了敌人的分散。没有分散战斗力，集中了视觉空间。不只是守备，命中要害，进行突袭。

隆美尔这个智将不是在后方司令部，而是在战场的中间掌握战况，立即下命令，引导出来极大的机动性，才有可能实现的结果。可以果断立即指挥的体系，才有可能有大胆的战略，变化无常的前进。

打破僵局，攻击重心

战略专家说要避免僵局。战争和人生中最坏的力学关系就是僵局状态，无可奈何无限等待的僵局如同沼泽一样。一旦陷入胶着状态，就会带来一种精神麻痹，把自己变得无力。因此眼看要陷入僵局，给自己一个强烈的刺激，一定要打破僵局。

应该首先瞄准对方的重心。分散敌人的最好的方法是占领重心。占领棋盘的中央，这样敌人自然分散成小部分，对抗也变得容易。这就是“攻略重量重心”。

《战争论》的作者克劳塞维茨说，成为一切的依靠，所有的力量和移动的地方叫“重量重心”。攻略这个重量重心，才是最好的战略。荷南·科尔蒂斯把阿兹特克皇帝及重量重心蒙特祖玛作为俘虏抓了，才得以用500名士兵打败50万名的阿兹特克士兵。

攻击重心，敌人就无力了。毛泽东看到分散在中国各地的庞大的农民，就是中国的重量重心。他确信如杲把农民拉近自己的一方，革命绝对不能失败。模仿了苏联革命，策划城市暴动的中国版布尔什维克败退了，通过长征，深入到农民中的毛泽东掌握了中国。

并不是璀璨的战胜和无数的征服，才是战争的全部，收尾不好，一不小心就会成为无数战胜和征服的牺牲品。因此在战争中最重要的是知道什么时候该停止。

克劳塞维茨指出战争终止的最佳时机为“胜利的极限点”。捕捉到结束战争最佳时间，才是战略的完成。还有在这个时机上，必须有谈判。梅特涅说：“始终一手拿着刀，另一只手举着象征和平的橄榄枝，不要放弃随时面对谈判的姿态，但必须只在前进时，才能进行谈判。”

1951年夏天，美军中断了对北朝鲜军队和中国人民解放军的无情的攻势。因为中国和北朝鲜发出了休战谈判的信号。但休战谈判一直拖了两年多的时间，此期间美军曾掌握的战场上有利的高地全部消失了。如果在这个谈判中也没有停止攻势，朝鲜战争的结果可能与现状完全不同了。

在更多的战场上多表露自己

现在我们把目前为止的所有战略拿到日常上，应该变化为战略战士。不仅仅停止在点点头只听的阶段，为了亲自实行，重新整理一下基本原则吧。

1.如实地看状况

判断出现的状况时，不要感情用事。生气的时候，平静了心之前，绝对不能采取行动。恐惧会过分守备、愤怒和焦躁会做出轻率的行动、自满会引发过激的行动。战争要求尽量拥有现实主义感觉，即如实地看状况。

2.以行动判断人

判断一个人的时候应该以他行动带来的结果、可视而计算可能的行为、他人为了取得权力而使用的策略做出判断。自己怎样说出来并不重要。观察他们到目前为止是取得了什么，判断一个人，行为是不会骗人的。

3.依靠自己的武器

真正的战略是心理的问题，不是武力，而是思考的问题。我在人生中取得的一切，不仅有被夺走的可能，在某个时候还必须被人抢走。财富消失、最新装备不知不觉成了古董，被相信的人所抛弃，这在人生中可能无法避免。但如果我的心用兵法武装，任何权力也不能夺走这一切。

4.崇拜的是雅典娜，而不是阿瑞斯

希腊人轻蔑赤裸裸而野蛮的战争之神“阿瑞斯”，崇拜战略战争之神“雅典娜”。因为她始终以最高的智慧和计策战斗。

5.爬高处，俯瞰战场

我们大部分人是战术家，不是战略家。战略思考是非常艰难的事情，有时很容易误认为战略的，但有可能我只是战术性地移动。想成为真正的战略家，不要埋没在战场上，应该爬到高处，俯瞰战场。重视长期的目标，精确地制定好战争的全盘计划，从人生中碰到的许多战斗而习惯化的东西中脱离出来。

6.跟自己作斗争

每天如一日面临战斗，这是一切生命体无法避免的现实。最难对付的对象就是自己。要与自身的感情和弱点、决断力的缺乏等斗争。我们应该要做的，为了守护自己，不能停止与自己的斗争。给自己不断地宣布战斗，在更多的战场上表露自己。

第十章

权力，首先控制自己

权力，首先自由了，才能得到
经营权力吧。
自由了，才能来到身边。

权力，不要控制，要经营

权力是什么？是守住价值的斗争的力量。伯特兰·罗素说，权力是创造出所想到的效果。想到的力量优势很邪恶，因此要向往正直的力量。托马斯·霍布斯说，权力是将来为了取得某种东西，在我手里掌握的手段。还有马克斯·韦伯说在社会关系中说，权力是能够贯彻自己意图的一切机会。

有很多观点定义权力，但权力绝不是固定的东西。在现代社会里权力是不断流动的有机体，比任何东西活跃，具有“游戏”的性质。权力游戏是社会游戏。因此想要学这个游戏技术，首先应该开发理解和研究人心理的能力。想成为权力游戏的高手，应该精通人的心理和人与人之间关系学。

想要得到权力，不能让权力牵着鼻子走，应该找自己能够经营权力。那么不变成权力的奴隶，成为权力主人的方法有哪些？

成为权力真正主人的方法，即介绍经营权力的48条法则。不要把这理解为单纯技巧或技术，重视其包含在里面的价值。为了坚持良好价值，具备应该做的基本态度，对待权力经营的48条法则，才能得到。

整理出这个规则的人是前面“战略”篇介绍过的罗伯特·格林。在伯克利和威斯康星大学专攻古典学的他与荷兰籍媒体制片人艾尔弗斯合作出版了3本世界级著作，就是《诱惑的艺术》《战争的技术》《权力的法则》。

先关心，始终要紧张

法则 1　永远不要比你的上司更出色

路易十四时期财务大臣尼古拉·富凯想召开豪华的宴会，想取悦路易十四。但路易十四看到，比自己宫廷里召开的宴会还要华丽、比自己的庭院还要美的庭院时，反而火冒三丈，结果富凯被扣上侵吞国库罪，在监狱度过了20年。看起来比上司优越，对于富凯就是死。后来继富凯成为财务大臣的柯尔贝是在巴黎开宴会时最没情趣的人。后来路易十四招来建富凯城的建筑家和设计富凯庭院的造景师，建立了凡尔赛宫殿，举办了比富凯还要盛大的宴会。对这样的事实，伏尔泰评论道："晚餐开始的时候富凯登上世界的最顶峰，但到了早晨他就掉在地上了"。

权力的山顶就等于乘直升机上光脚下来一样。人越向上走，就越应该谦虚。静静地不出声，有时也会比上司看起来优越，因此要格外注意。如果有智慧，应该显出相反的样子。犯无大碍的错误，制造出得到上司帮忙的借口。上司如果不能作为礼物送出自己的经验，就怀恨在心。因此应该让上司觉得自己比你更聪明一点。

法则 2　不要太相信你的朋友，学会使用你的敌人

朋友不一定在任何情况下都成为朋友。朋友好了，就产生嫉妒。反而原是

敌人的人，比朋友更忠诚地为你做事。因为他更想证明给你看。事实上，朋友有时比敌人更可怕，忘恩负义有很长的历史了，因此不要松懈。

9世纪中期，拜占庭帝国的年轻皇帝米哈伊尔三世，有一次在马棚被脱了缰绳的马攻击，差一点丢了性命。那时多亏饲养员巴西尔一世幸免于难，米哈伊尔三世让他做了侍宠及朋友，后来巴西尔一世与米哈伊尔三世成为共同皇帝。但米哈伊尔三世被巴西尔一世派来的兵所杀，他的头挂在了拜占庭大街上。

掌握权力的人始终需要有证明自己是斗志的敌人。企业经营也是同样的道理。始终认为一切都好，而处于安逸的企业，一定会倒闭的。始终存在危机，高度紧张的企业才能生存下来。一次大型事故，总有300次以上的预先征兆。今天我经历的危机，不要看作是单纯的危机，认为有了这个危机，我才能支撑。今天我成就的取得，是因为有了要战斗的敌人。

法则3　隐藏意图

让敌人看出自己的一切是愚蠢的事情。前美国国务卿亨利·基辛格在国家安保方面被认定为有突出手腕的人物，是位非常奇异的战略家。他并不是善变家，声音单调，无表情。因为基辛格这样的特征，在谈判中对方觉得非常乏味，其实这就是他的谈判技术。基辛格用单调的声音，无表情地不停地说无关紧要的话，促使谈判桌上的对方疲乏。看到对方疲倦，基辛格突然拿出重要的谈判条件，让对方松懈后，击中要害。结果对方无力地败给基辛格。意图暴露给对方，只能给对方提供情报。

法则 4　少说话

权力不是用说话得到的。话越少，看起来比实际更高大、更有力量。路易十四是知道“沉默威力”的人。他年轻时也喜欢多说话，被自己的雄辩所陶醉，但渐渐减少了话语。因他的沉默和少言寡语，谁也不能猜出他的想法，也不能投其所好。因此他们一直给不说话的路易十四讲点什么，以此提供更多的情报。毋庸置疑路易十四有力地利用了这些情报，沉默就是他权力的基础。话少，就会成为恐惧的对象。有权力者尽可能少说话，动摇对方的心，给予震慑。少说话，后悔或犯错误的机会也会减少。

法则 5　赢得好名声，用一生守护它

新职员时期都写自己的简历。但随着地位的升高，不是自己写简历，而是等于周围的人帮自己写。这就是名声。名声走在我的前头，因此在我认清之前，已经形成很多事情。

魏国的弥子瑕年轻时名声好。某一天他坐着魏王的座驾去看望生病的母亲，知道这个事情的魏王，没有问责，反而称赞了他的孝心。还有一次弥子瑕与魏王一同散步果园时，摘下了一个桃子咬了一口，一边感叹其味道，一边把吃剩下的桃递给了魏王。对此魏王称赞，这么好吃的桃没吃完，剩下的一半献给王的弥子瑕很忠诚。但后来弥子瑕的名声不好了，魏王说：“弥子瑕没得到我的允诺，乘坐我的座驾，要断脚；给了我吃剩的桃，藐视了我，理应处死”。

过去说天下忠臣、孝子，同样的事情后来变成理应凌迟处死的事情，这就

是名声的力量。

法则 6　不惜一切赢得关注

他人的关心是权力的核心，被世人忘掉，对于渴望权力者来说，是最坏的情况。

19世纪美国最高票房收入者彼得·巴纳姆，知道不管用什么办法出名了才能成功、赢得关注才能获得和维持权力。彼得·巴纳姆为了赢得人们的关注和关心，不惜撒下弥天大谎。带来年老的黑人女子，说年龄已经161岁，宣传成乔治·华盛顿的乳母；还有拿来在日本制作的人鱼玩具娃娃，宣传成斐济群岛抓到的人鱼，让人们蜂拥而入，过后巴纳姆像个票房大王自居了。

就这样不管用什么办法，只要出名权力就随之而来的彼得·巴纳姆的公式，可能会被人非议，但在权力经营方面，是有一定价值的。

权力以行动表现时变强大

法则 7　让别人帮你做事，自己得到声誉

能够让别人帮着做的事情，领导不要亲自去做。利用别人的智慧、知识、努力，提高名誉。得到帮助，可以节约宝贵的时间和力量，还能让人认为有效率。这就是“委任的力量”。当然一旦委任了，就不应该参与。

委任的力量，在亨利·基辛格和理查德·尼克松的关系上，充分表现出来。虽然因为水门事件成为绊脚石，成为美国下野的总统，但尼克松非常有效地利用了20世纪最出色的谈判家基辛格。1971年基辛格绝密访问中国，第二年尼克松访问北京，签下了历史性的《中美建交公报》。从美国来看这次中美建交的功绩是总统尼克松的。事情是基辛格做的，功绩和名誉却由尼克松拿到。因此1972年在美国大选上，尼克松在除了马萨诸塞州之外的49个州取得了压倒性的胜利，再次当选总统。

法则 8　让别人来找你，必要的时候当诱饵

权力是位置的游戏。我们说在主场有主场优势。权力也同样，把对方领进我的权力能够行使的地方取胜的几率就会提高。

俄日战争当时，日本海军上将东乡平八郎散布谣言，日本海军是个软骨头的消息，把俄舰队引诱到东海。俄海军过低评价日本海军，认为自己的波罗的海舰队即使远距离航行也可以打胜。但出发波罗的海经过非洲大陆南端的好望角，通过马来海峡，经过中国东海，到达朝鲜海峡的波罗的海舰队，完全疲惫不堪，结果成为东乡上将的牺牲品。

同样，行使我主导权的地方，在我的领导下进行的权力游戏，肯定是对自己有利的。

法则 9　用行动，而不是用争吵来获胜

权力不要用话语，而是用行动表现。1975年当时任美国国务卿的亨利·基辛格要说服1967年以色列从巴勒斯坦人那里夺取的西奈半岛的一部分，但谈判

上没有取得进展。这时基辛格突然放弃谈判，要旅游，他去寻找，公元73年犹太700名战士没有投降罗马，选择集体自杀的马萨达要塞遗址。以色列人非常好奇，基辛格突然的举动是何意，这就是给以色列人暗示，巴勒斯坦人正要集体自杀的信号。以此为契机，以色列对西奈半岛的返还问题，开始认真地研究了。就这样，用语言行不通，就应该以行动来表示。

法则 10　避开不快和不幸的人

权力重视运气。韩国人对迷信很重视，其实西方人也一样。拿破仑的参谋们长长地罗列了一个军官的功绩，在被推荐晋升时，拿破仑反问“这个军官运气如何？”。

运气就像传染病一样有传染力，可以因周围人的运气能够生存，相反因为周边的人的不幸，也遭受不幸运。因此远离不幸的人，与幸福和有运气的人结交，不管古今中外，有权力者都心照不宣遵循的权力法则。

反复思考，反复观察

法则 11　让人们始终依靠你

有权力，就说明对方依靠你。法国国王路易十一常叫来有预言能力的占星师，喜欢听他们讲预言。然后怀疑占星师图谋权力，就杀了他们。有一天晚上路易十一又招进一名占星师，路易十一临杀他之前问“你精通占星术，那就对你的死期预言一下吧”。对此占星师回答“陛下过世前三天。”

听到回答，路易十一没法杀他，反而想尽一切办法照顾这位占星师。

法则 12　做出行动，让对方解除警戒

即使疑心再重的人，解除警戒了，就会暴露其弱点。举中国古代郑国武公的例子吧。武公想攻打邻国，就把自己的女儿嫁到邻国。在御前会议中看穿武公意图的一个下臣怂恿武公对邻国发动战争。对此武公说“你怎么让我攻打与亲兄弟一般的邻国呢？”就杀死了这个下臣。听到这个消息的邻国毫无疑问地解除了警戒，过了不久邻国就成了武公的了。

法则 13　不要慈悲，呼吁利益

利益动摇人。动摇的理由出自利益。公元前433年伯罗奔尼撒战争前夕，科林斯和克基拉岛之间的战争爆发。两方都想把雅典娜拉进自己的阵营，向雅典娜派使者。科林斯使者提醒过去曾帮过雅典娜，所以这次希望得到雅典娜的帮助；但克基拉岛使者说，他们没帮过雅典娜，反而与雅典娜的敌人建立了同盟，但这次如果帮助他们，支援海军，参与攻打雅典娜宿敌斯巴达。结果雅典娜没选科斯林而与克基拉岛建立了同盟。没选道义而选择了利益。但对此谁也不能谩骂和非难雅典娜。

法则 14　假装是朋友，像间谍一样工作

曾是法国政治家及外交家的塔列朗，以发挥出色手腕而闻名。在1814年的维也纳会议上，他作为特派大使出席，在会议上突然说从消息灵通人士那里听到的事情，“俄罗斯皇帝，以谋逆罪处死自己的心腹将军”。然后看了看出席会议的人们的反应，观察谁是俄罗斯的敌人，谁是同盟者。首先需要掌握谁是自己真正的敌人。这是权力者一贯喜欢使用的方法。

法则 15　要彻底消灭可怕的敌人

摩西从西奈山带着十诫命下来时，以色列百姓中有以金牛作为偶像的人。摩西按照十诫命把他们全部处决了。同时摩西进入应许之地迦南之前，闭上眼睛，对继承者约书亚留言，等进入到迦南土地，击溃迦南族人时，“彻底消灭，不要有一点慈悲”。

摩西之后的伟大的领导者也都懂得，可怕的敌人要彻底消灭的道理。因为留了一点火种，谁也不知哪一天会再次燃起火光。

彻底超越预言

法则 16　利用缺席提升地位和名气

经常出现就觉得平常，平常就掉价。古代米太王国（米太阿特罗帕蒂尼王国）的阿特罗巴特斯国王是悟道“不在力量”的人。他知道国王经常出现在人们面前，就会积累嫉妒和怨恨，肯定有阴谋跟随的危险，但如果不出现，引起好奇，最终会成为传说，因此成功地把自己神秘化。

这是领导要铭记的关键。经常看不到，偶尔出来一次就成为新闻焦点。偶尔销声匿迹，创造稀有价值。

法则 17　做出难以琢磨的行动

南北战争时，南军的托马斯·杰克逊将军说：“始终让敌人看到谜一样的形象，制造误会。然后看准机会进行突袭，这样小部队也能打退大部队。”

对方做出没有一贯性的行动，人们就失去均衡感，想要解释而疲乏，把这个推向极限，利用对方的恐惧心理，取得胜利。

法则 18　不要用围城保护自己——隔离是危险的

想保住自己，建立要塞，就会死在里面，这是权力的法则。敞开的比关闭的强，砌万里长城，把中原和外面世界隔离的秦始皇，在都城洛阳把自己与世界隔离了。皇帝自我与世界隔离的空隙，宦官们专横跋扈，下臣们结党营私。秦始皇结束了战国时期，建立了最初的统一帝国，但因为他把自己孤立而死去，他的王朝也短命。

相反，路易十四的凡尔赛宫与封闭型的阿房宫不同，彻底开放。投石党叛乱的残酷内战结果，惶恐登上王位的路易十四，并没与内战组织者贵族们划清界限，反而把他们拉到凡尔赛宫，一起生活。路易十四几乎放弃自己的私生活，把凡尔赛宫变成巨大的社交场合。因此路易十四能够观察贵族们的一举一动，能够轻而易举地得到他们在吃喝玩乐中会倒出的情报。结果最初权位不稳定的路易十四，统治法国50年之久，成为太阳王。

换位思考，产生另一种力量

法则 19　正确把握对方

权力是有对手的，是了解对手才能赢的游戏。不要认为所有的人会对我的战略，做出同样的反应。

卖画给美国富豪而出名的约瑟夫·杜维恩，在物色新客户中，看中了美国巨富亨利·福特。他花不少的钱把“世界巨作100幅”图录制成豪华装帧，献给亨利·福特。对于福特来说，如果按这个目录购买，就能一举登上世界最高收藏家行列的机会。福特看了杜维恩辛辛苦苦制作的图录非常满意，看到福特表情的杜维恩沉浸在事情能够顺利进行的喜悦中，但福特回复了这样的话“这本装帧里的画如此鲜明而美丽，我有必要购买原画吗？”

法则 20　不要加入任何一方

有纷争时，不要急于加入某一方，应该维持独立性，站在他人之上，让他们相互相争，最好让他们来找你。

1558年伊丽莎白一世登上英王宝座，她的婚事成为关注的事情。不仅英国国，法国、西班牙、澳大利亚、瑞士的王和王子还有称得上的贵族们纷纷向她求婚。她巧妙地进行爱情拉锯战，建立对英国有利的同盟关系，但没有给任何人明确的答复。伊丽莎白一世一生都在玩这个游戏，巩固自己的权力，把英国创建成冉冉升起的不列颠国家。

法则 21　让人觉得你比别人笨

没有人想自己比别人笨，因此反过来利用，有利于自己。开始爬上权力梯子时，不能看起来太笨，也有必要悄悄地让上司知道你比其他竞争者更聪明的事实。但不能炫耀自己的聪明。

1865年普鲁士的总理奥托·冯·俾斯麦要与奥地利签条约，俾斯麦在谈判前一天与奥地利一方的谈判者伯劳米伯爵玩了纸牌。俾斯麦故意装出性急的傻子一样，结果输了。因此伯劳米伯爵小瞧了俾斯麦，结果协商结束后起草协议的时候大概读了文案，就签字了。等协议书的墨水一干，俾斯麦说："天啊！真没想到还有在这个文案上签字的奥地利外交官！"

温故知新的智慧，增添权力

法则 22　如果有必要，就投降

米兰·昆德拉在自己的小说《玩笑》里讲了捷克斯洛伐克收容所经历的事情，在那里常有狱警和犯人之间进行接力赛。那时犯人们知道他们要输给狱警，因此每次都痛快地输。狱警们始终认为在身体素质上优于犯人，而沾沾自喜，但事实是犯人们故意摔倒，装成一瘸一拐的样子，嘲弄了狱警。

好战态度同样以好战态度对应，但力量薄弱时没必要为了名誉而战。为了保持权力，有时需要输。

法则 23　集中火力

深挖一口井，才能胜利。拿破仑集中攻打敌人的弱点，才取得了胜利；卡萨诺瓦对自己喜欢的女子，完全投入，才能发挥强烈诱惑的力量。德国法兰克福的罗斯柴尔德家族排斥外人，因力量集中在自己人手里，成为最具凝聚力的金融世家。

法则 24　成为完全的宫廷人

现代也许王宫消失或失去力量，但宫廷和宫廷人依然存在。看看几个依然以权力的法则留下来的宫廷法则，如下。

1.不要误以为能与上司成为朋友。上司希望你不是朋友，而是部下。朋友一样对待是上司的份儿，不是下属的份儿。

2.不要拜托上司。在上司的角度上，再没有比拒绝某人请求的事情还要烦的事情，因此不要请求，尤其替别人请求，干脆就不要做。

3.不要当面批评上司。中国历史上的军官们用突然发生地震或洪水或大雁逆向飞行或出现两个头的羊或出现新的星星等超出常规的超自然现象，暗示皇帝的行动有损宇宙均衡的方法，绕弯进行批判。

4.留下上司插手的余地。按照路易十四的命令，设计凡尔赛宫的法国建筑家芒萨尔每次拿设计图给路易十四看时，故意插入不完整的部分，路易十四就像芒萨尔预想到的一样指出不完整部分的问题，还提出解决方案。其实芒萨尔明知这些不足，但对此表示赞叹，并修改设计图，就这样一直到死为止仍作为王室建筑家在王室工作。

在宫廷所有一切都围绕权力重心转。我们学会宫廷人的生存方式，就能出人头地。

法则 25　重塑自己的角色

权力的较量像是庞大的话剧。权力的舞台需要演技，应该始终意识到观众，创造自己的角色。德国铁血宰相俾斯麦谁都看不透他的底细，他是出色的演员。他给自由主义者摆出自由主义的脸，给鹰派摆出鹰派脸。看不透，就不能进行攻击。

法则 26　不要亲自做肮脏的事情

美国富兰克林·罗斯福被公认为是正直、公正的人物。他这种评价是因为身边有路易斯·豪，路易斯·豪，他为罗斯福做了20多年的秘书，为罗斯福包揽了所有脏活。为罗斯福承担幕后交易，操纵舆论，做了隐性的选举运动。每次发生有损罗斯福形象的事情，路易斯·豪就做了牺牲品，罗斯福才能成为伟大的总统。

法则 27　利用信仰

1653年27岁的米兰青年普兰切斯科·租杰佩·保利主张看到幻想。大天使迈克尔宣布他被选为改变世界的新教皇的军队司令官。一直放荡的青年突然改变成圣者，对此人们很惊讶，但被他说出来的神秘感所吸引，很快成了他的追逐者。他有治愈能力的传闻传开了，欧洲全境的盲人和瘫子都来找他了，然后他创造了奇迹的传闻传播得更广。

当然他没有治愈能力，也不是大天使宣布的天兵的司令官。但人们有时想依赖神秘的时候，这个神秘与真实相距较远也会相信。

如果想找一个以最小的努力，能够得到最大的权力的方法，组织要以神秘感浸染具有信仰的追逐者团体，可能最有效。

法则 28　大胆行动

权力始终要求大方，与小心谨慎相距甚远。卓越的谈判家亨利·基辛格，谈判时，以谈判的关键上大胆提出要求而闻名。探险家哥伦布，请求西班牙女王支援，他要求女王称他为“海洋大提督”。简直荒谬的要求，但这个要求被接受了。他订的价格，就成了实价。大胆是权力的一个属性。

法则 29　严密到最后

权力终究会回到有最终目标的人。查马克步入政治之门开始，具有一个明确的最终目标，就是建立普鲁士领导的独立统一的德国。他进攻丹麦，对抗奥地利，不惜与法国战争，不仅仅是贪图领土，是为了团结分裂的德国，建立统一的德意志帝国。因为终究目标明确，没有走向歧途，直到最后完成任务。有最终目标的人，就是领导。

法则 30　让你的成功看起来毫不费力

巴尔达萨雷·卡斯蒂利奥奈在1528年出版了《侍臣论》，规定了侍臣的所有行动规范，其中侍臣的所有行动力“轻松”即应该具备“难的事情，看起来容易的能力”。

做事，让人看起来优雅而简单，比起流着汗做事，更能相信我能做更大的事情。到了这时，人们不禁感叹，而且也感到恐惧。因为谁也不知道我的极限。

法则 31　让对方陷入选择两难的境地

1564年12月，以伊万雷帝广为人知的伊万四世处在最危险的时候。西部，逃到立陶宛的贵族们不断试图谋反；东部，鞑靼族虎视眈眈觊觎。12月3日伊万四世没有留下一言半语离开了莫斯科，过了一个月后的1565年3月声明，他再也不能忍受贵族们的背叛，决定退位。这样一来莫斯科市民齐声谴责贵族们，恳请皇帝回归。他们判断比起没有皇帝的内战，倒不如皇帝的独裁好。伊万四世过了一个月后回到莫斯科，以百姓选择为名分，挥起更强力的专治权力，但莫斯科人们没法抱怨。因为这是他们自己选择的。我不选，让对方选，现今民粹主义恶意利用这个法则，是历史上经常出现的技术。

法则 32　利用人们的幻想

权力有时需要幻想。1700年初，英国伦敦出现一位叫做乔治·萨玛娜扎的年轻人，说自己是中国台湾出身。中国台湾对于英国人来说，是幻想的地方。他在牛津大学教中国台湾语，圣经翻译成中国台湾语，出版了有关中国台湾地理、历史的书，成为畅销书作者。但萨玛娜扎死后，发现他不是中国台湾出身，只是想象力丰富的法国人，真相大白于天下。他利用了英国人对中国台湾的幻想。大众幻想里也会出来权力。

法则 33　找出每个人的死穴

1559年法国国王亨利二世死后，他的儿子弗朗索瓦二世继承了王位，他的母亲凯瑟琳·德·美第奇摄政开始了。但对于王太妃来说，有个鱼刺一样的人物安托万。凯瑟琳看破了安托万喜欢年轻女人，在自己的侍女中挑出最有魅力的路易·德·路艾诱惑安托万。大部分男人，尤其有权力欲的男人都如此，他认为不用自己的地位和权力，而用自己的男性魅力就可以诱惑女人。凯瑟琳唆使的路易·德·路艾能够满足安托万的这种要求。但女人好像越是被男人的魅力所迷惑一样行动，这个男人实际上已经成了这个女人的奴隶。男人们为了征服女人的欲望，更加变得软弱无力，凯瑟琳利用这一点能够保持自己的权位。

和城墙也有缝隙一样，所有人都有弱点。这个弱点可能是情感，也许是一个人隐秘地喜欢的某种事情。不管什么弱点，一旦掌握了，可以有利地利用。

法则 34　想得到国王般的待遇，就要像国王一样行动

根据你的一举一动，享受的待遇也会不同。在权力的世界，浅薄的举动会得到轻蔑，但像国王一样行动，头上就会带上王冠。

从1930年开始40多年一直统治埃塞俄比亚的海尔·塞拉西，虽然是贵族出身，但继承王位排序上距离很远。但他从小开始做人处世就像国王一样。先王孟尼利克二世看中了这一点，宠爱塞拉西。终于1936年意大利的墨索里尼用武

力进攻埃塞俄比亚，塞拉西建立了流亡政府，联合国前身国际联盟谴责意大利的法西斯主义，号召支持埃塞俄比亚。塞拉西真正像埃塞俄比亚的国王一样行动，最终成为埃塞俄比亚的皇帝。

权力是极小战略的总和

法则 35　把握时机

知道该什么时候动手，就是权力的智慧。在这一方面德川家康是会等待的人。丰臣秀吉性急地侵略朝鲜时，德川家康知道他最终会失败，加速丰臣秀吉的没落。他耐心等待，时机到了就争取了权力。德川家康就好像所有的事情知道会有这样的结果一样，表现出沉着的态度。时机没到，就退一步，等到瓜熟蒂落时果断出击。

法则 36　得不到的东西，要轻视

1861年乔治·桑的支持者们推荐她为“法国奥斯卡”最初的女性会员。但乔治·桑知道法国奥斯卡不可能接受自己。她并没有哀求有过高评价、没有老牌的啰里啰唆集团接受自己，到处说根本不想参与。就这样轻视法国奥斯卡，因此更加凸显了乔治·桑。

轻视你得不到的，才能凸显优越。

法则 37　树立形象

太阳王路易十四选择了把表示伟大领导的最庄严的太阳作为形象，以自我象征太阳王称号而闻名于世。形象和象征是增强权力重要的手段。语言是危险的工具，稍不注意偏向原来的意图，但在视觉上发挥直接号召情感的威力。因此轻视形象和象征，不能创造和保持任何权力。当然也可以推翻这个法则。

法则 38　想一套（你喜欢的）做一套（像别人一样）

人们都有各自的想法，但在权力的世界里，不能把自己的想法，一股脑地全部泄露出去。想一套做一套，才是权力的常规和生存法则。

法则 39　混水摸鱼

中国齐国谋士孙膑对齐国主将田忌说："第一天齐军营地搭建10万人的饭灶，第二天搭建5万人的饭灶，第三天搭建3万人的饭灶。"庞涓看到第三天齐军营地的饭灶减少了，以为齐国士兵跑了大半，不想错过这个好机会，打算全歼齐国军队，集中骑兵轻装前进。但这是孙膑的陷阱。庞涓被埋伏的齐军全歼了。伪装看起来与敌人的平衡瓦解一样，敌人发现这个裂缝，急着扑过来，就能够控制敌人。

法则 40　天下没有免费的午餐

有价值的东西，必须付出相应的代价。1532年旧金山皮萨罗征服了秘鲁后，想把印加帝国的黄金弄到手，远征黄金之乡，不仅夺走了无数的人命，也对西班牙帝国被没落起到一定的作用。西班牙被印加帝国的黄金蒙住了眼（利欲熏心），不想做其他的生产活动。有点力气的男人不分你我，为了寻找黄金出走，农场变成废墟，征兵的壮丁也少之又少。结果到了17世纪末，西班牙人口减少至一半，尤其马德里的人口从40万人减少到15万人。免费的黄金把当代最强盛的国家西班牙蛀蚀掉了。

法则 41　不要事后诸葛亮，别放马后炮

约翰・f. 肯尼迪断绝标榜前任总统德怀特・艾森豪威尔代表的1950年代，比如肯尼迪不打高尔夫球。高尔夫在当时是隐退和特权的象征，是艾森豪威尔喜欢的运动。相反肯尼迪在白宫草地上打高尔夫球。他和他的政府在所有方面，想显示力量和年轻。

初期的要比其后的看起来有独创性。后继伟人时，后者要比前者取得两倍以上的业绩，才能突显自己。因此与其在伟人影子下苦苦挣扎，不如找出自我独创性的新的方法。

法则 42　打败领头人，跟风一哄而散

最具效果的打击是集中攻打打破身体重心的部分。攻略力量重心的人物，在权力的世界也很重要。西班牙的征服者荷南・科尔蒂斯和旧金山的皮萨罗攻打阿芝特克人和印加帝国时，他们只关心抓住蒙泰水魔皇帝和阿塔瓦尔帕皇帝，抓住他们阿芝特克和印加帝国到了他们的掌握之中。领导消失的同时，重心也消失了。

法则 43　捕捉对方的心

强制终究带来反效果。为了阿拉伯独立而战的英国人托马斯·爱德华·劳伦斯在第一次世界大战时在中东沙漠对抗土耳其人时懂得了这个道理。他认为每个士兵的心都是应该要征服的王国。具有战斗目的和动机，舍生忘死的士兵比起迫不得已像木偶一样打仗的人，更认真、更有创造性地战斗。

想让对方积极行动，首先打开对方的心胸，捕捉对方的心。

法则 44　善于利用（消除或者激化）镜像效应

希腊神话里出现的美杜莎，只要一看到她就变成石头的，是一个怪物。但珀尔修斯把自己的青铜盾牌擦得像镜子一样，不直接看美杜莎，看照在盾牌上的美杜莎，慢慢接近，砍掉美杜莎的脖子。

“镜像战略”是指就像照镜子一样，模仿对方的行动，以镜子的力量动摇对方的心。镜像战略的结果，不管对方发火或自我陶醉，你拥有操纵对方或诱惑的力量。对方的自我越是强大，镜像效果会更强烈地起作用。

法则 45　鼓吹变化的需要，但切不可一次改变太多

我们始终要求改革和变化，但一次想改变太多，反而起相反的效果。

1520年初英国的亨利八世要想与不能生育的夫人凯瑟琳离婚，但教皇克莱门斯反对离婚，以罢免威胁他。但托与斯·克伦威尔支持亨利八世离婚，并让他建立英国教会。亨利八世的第二个妻子安妮·博林被判定通奸罪，托马

斯·克伦威尔起了带头作用。因此克伦威尔被提升为国王的顾问，扶摇直上成为最高权力者。

掌握权力的克伦威尔没收了英国国内天主教会的财产，想建立新教秩序。他废除天主教会的修道院，处罚了天主教教徒。因此英国陷入了急剧的漩涡中。亨利八世只希望离婚，并不希望这个国家混乱。加上托马斯·克伦威尔给他挑选的第四个结婚对象是克里维斯的安妮公主。安妮公主长得很“丑”，亨利八世不喜欢安妮的相貌，结婚六个月后宣布婚姻无效。从此亨利八世讨厌了托马斯·克伦威尔，加上政敌的离间也加剧，最终克伦威尔被斩首。不要急于与过去断绝，不如利用过去，带来更大的权力。

在权力的世界，所有的东西都会变化

法则 46　永远不要表现太完美

沃尔特·雷利爵士在伊丽莎白一世的宫廷里是最出色的人。他是有科学家一样的才能能写出最美诗词的诗人，是被公认的领导，有进取心的事业家，伟大的船长，尤其相貌堂堂，集女王的宠爱于一身。但过于完美，成为所有人嫉妒的对象，结果被女王嫌弃，最终被砍头。

亨利·戴维·梭罗说：“嫉妒是所有出色的人要付出的税金。”看起来没有弱点，才是最危险的事情。这必然产生嫉妒，嫉妒产生敌人。只有神和死者，才可以完美。

法则 47　不要超过既定目标，面对成功，知道什么时候停步。

没有比胜利更让人陶醉的，没有比胜利更危险的东西。因此要记住在权力领域，随着洋洋自得的气氛行动，会带来致命的结果。因此胜利了，就停止下来，应该小心翼翼地分析成功的原因。历史上堆满了该停步的时候没停步的帝国的废墟和英雄们的尸体。因此停止尤其重要。

法则 48　无招胜有招

权力的世界里没有既定的东西，也没有固定的规则。具备规模，设定计划，很容易成为攻击的对象，保护自己的最好的方法是像流水一样没有形态地流下去。

再一次讲，站在阿拉伯一方对抗土耳其的英国人T.E.劳伦斯的故事。他运用了进入广漠的沙漠脱离敌人攻击目标而战斗的战略，土耳其军在火力方面非常优越，但与水蒸气一样的阿拉伯军队打仗，反而累得要死。大部分的战争是有踪影的“接触战争”，但劳伦斯的战争时无影踪，无定型的有“距离的战争”。

权力世界里所有的一切都变化。权力的存在形式灵活，才能够生存下来。要像水和水银一样，根据装的东西不同，其模样也应该改变，这就是权力的基础。

严格地看待权力的瞬间，就成为诱惑的人生陷阱。意识权力，我们就从权力变得自由。在人文学知识的基础上，研究了权力经营的法则是要避免成为权力的奴隶，从权力得到真正的自由，不支配权力，能够经营权力的时候，权力才能来到我身边。

第十一章

惩毖，扶正历史的反省力量

没有深刻的反省和指责，历史只能重复，
现在我们以「惩毖」的刀刃
应该检查生活的最前线。

柳成龙，遗言在我们面前

历史果真重复？既是，又不是。前面的过错回过头来深刻反省，不会重复一样的过错；但不反省，过去所有过错重新复活，是件理所当然的事情。担心没有反省的历史反复，用一生心血拿起惩毖之笔的人就是西崖柳成龙（1542~1607）。

16世纪末，经历了左议政、领议政、四道都体察使重任的柳成龙，倭乱结束后辞去官职，撰述壬辰倭乱的战乱史，这就是《惩毖录》。“惩毖”是什么？惩戒过去的事情，小心有后顾之忧。

《惩毖录》是400年前的书，但蕴藏现实意义，称之为活历史，是纪实文学珍贵的财产。记录了1592年（宣祖25年）~1598年为止，经历7年的壬辰倭乱、丁酉再乱的原因、战况等，当时位居权重，经历战争实况的作者，为了避免今后发生更大的忧患而执笔，《惩毖录》现已指定为国宝132号。

2007年是西崖柳成龙先生逝世400周年。2007年5月12日在庆尚北道安东河回村，举行了从告由祭为开幕式到6月20日的大忌祭的追悼会。尤其在告由祭活动中，出席了忠武公李舜臣和壬辰倭乱当时侵略朝鲜走在先锋的小西行长，还有带领明朝4万支援军的李如松的子孙们。小西行长和李如松是1593年1月在平壤城战斗中直接对抗战斗的指挥官。他们的子孙们，战乱的漩涡中战胜乱世的西崖柳成龙逝世400周年，化解了祖先的孽缘，握住了和解之手，展望东北亚新未来的相会。再三感受岁月重担的历史一幕。

通常历史人物是诞辰几周年，以出生之年作为纪念日。西崖先生，为什么把过世那年作为纪念日呢？也许是《惩毖录》的缘故吧。

西崖在《惩毖录》的自序里引用了《诗经》中《小毖》里的“予其惩而毖后患”，这就是写出《惩毖录》的缘由。

1597年12月，漫长的战争结束之际，柳成龙离开官职，回到安东河回村，执笔《惩毖录》，当时写《惩毖录》的心情，他是这样说的：“像我这样不中用的人，经历乱世，担任国家重责，没有扶正危机，也没能扶正倾斜局势。想起这个罪，死也无法弥补。但现在深山中，保存性命，这怎能不是皇帝宽厚仁德的恩德呢？担忧的事情才得以平静，思量过去，再三惶恐而羞耻，无法抬头”。

惩戒历史，思考现在

《惩毖录》从1586年日本使节带来朝鲜王朝开始，到1598年李舜臣将军之死结束。看内容，非常详细地记录着壬辰倭乱之前与日本的关系、明朝救援兵的派遣即对掌握制海权的战况等。

《惩毖录》的首页，有成宗和申叔舟的对话。申叔舟就要离世的时候，成宗问他“爱卿有话跟我说吗？”。申叔舟回答：“今后千万不要跟日本失和”。

不要失和是不要引发纷争之意。成宗接纳申叔舟的留言，申叔舟死的时候是1475年，成宗驾崩是1494年。这中间朝鲜王朝跟日本失和，结果爆发了战争。

与日本失和的时候，在当时日本使者眼里的朝鲜王朝怎样呢？

1586年，日本使者桥康广平定了日本全境66州，带着丰臣秀吉的书信来到韩国。路过仁洞（庆尚北道漆谷）的桥康广，看到路边排列的士兵的长矛，嘲讽地说：“你们的矛柄真短啊”。

他在尚州牧使宋应衡召开的宴会上说：“漫长的岁月我在战场上度过，因此头发白了，归公们在烟花女子的歌舞升平中舒服地度过了岁月，怎么头发也白了？”

真是难听的嘲讽。但宋应衡当时知道羞耻吗？到了首尔礼部判使召开的宴会桌上，桥康广拿出一把胡椒洒在位置上。烟花女子和乐师们涌过来捡胡椒，宴会立即乱成一锅粥。静静看着这个状况的桥康广大声呵斥：“你们国家距离亡国没多远了，下人的纪律这样，怎能期待国家完整呢？”

真是痛击我们的对话。

与日本的纪实，读错了时代

1590年3月黄允吉为正使，金诚一为副使，许成为书长官的朝鲜通迅社一行跟随日本使者宗义智去了日本。通讯社一行在第二年的1591年春天回到朝鲜王朝。黄允吉递交了记录他们一行所经历的内容，报告“不久的将来，会发生战争”。但金诚一递交了完全相反的报告。“臣没感觉到有这样的苗头。允吉故意造谣言”，朝廷的意见也分为两派。

西崖柳成龙和金诚一是一同退位的文官。柳成龙问金诚一：“你的意见和正使的意见完全相反，如果发生战争怎么办？”。金诚一回答说：“我并不认为日本肯定不攻进来，但允吉的话太过强硬，怕动摇民心，因此才故意那么说的。”

意见分化，但不管怎么样，从此朝廷也开始戒备日本，准备武器，开始筑城池。但没有任何危机，来劳役的百姓，开始抱怨了：“这么太平，筑城池，简直不合乎道理。”

百姓随着朝廷的氛围，只是认为太平。

朝廷的劳役有缜密的计划。晋州城利用险峻的山势筑的，因此作为防御要塞是非常不错的。但是说城池太小，所以向东面平地移去，筑起了大的。结果敌人攻击，很容易倒下了。城池即使小，最重要的是坚固，但与此相反只注重大，这是因为当时对战争意见纷纷。国家的所有力量不能集中到一处。还有兵法的利用，将帅的选拔，军事训练方法等，哪一个也没有准备完善，因此就那么失败了。

松懈召来敌人

壬辰倭乱爆发前，柳成龙推荐正六品、任井邑县监的李舜臣升为正三品，任全罗南道水军节度使。当时朝廷里对李舜臣的晋升，用怀疑的眼光看。但没有李舜臣，现在的朝鲜就不存在了。同样没有西崖柳成龙，就没有李舜臣。结果推荐李舜臣，救了朝鲜的人就是柳成龙。

当时朝廷武将中申砬和李镒最出色。朝廷1592年壬辰年春天，派申砬和李镒派去边防巡视。李镒巡视忠清道和全罗道，申砬巡视京畿道和黄海道。过了一个月，两个人都回到首尔，向皇帝报告。但他们调查来的内容仅仅是弓箭，矛和刀等武器的拥有情况而已。但就连这也没有准确进行。君和邑只是书面上有装备，实际上必要的武器根本没有的情况。

那个期间，对到访的申砬，柳成龙问："在近期可能发生战争，你就要带军队，你有信心完全抵挡敌人吗？"

但申砬毫不在意地回答："这没什么担心的。"柳成龙说："过去敌人只携带短武器，但现在有鸟枪，不能小看。"申砬一直到最后有坦然的语气说："鸟枪能每次都命中吗？"

哪有这种回答呢。这种安逸的想法，终究把敌人引进来了。

1592年4月13日外寇乘的船挤满了从大马岛到釜山浦的前海，几乎看不到前面。釜山佥节制使郑发战死，庆尚左道水军节度使朴泓被敌人的势力吓破胆弃城逃跑了。结果釜山城只一天就沦陷了，壬辰倭乱爆发了。东莱府使宋象贤提议兵马节度使李镒，一起坚守东来城，但李镒后退了。当时李镒先让妻妾逃难了。这般如此民心只能惶惶了。百姓和士兵慌乱的时候，李镒也是趁凌晨时逃跑了，士兵们也是纷纷逃散了。

登上东莱门城楼指挥大半天的宋象贤的努力白费了，城池沦陷了。不顾倭寇攻进来，宋象贤坐着一步也不动，结果被倭寇的刀刺死。倭寇敬佩他，把他的尸体入馆，埋在城外，还立了标牌。

巡察使睟在晋州城接到倭寇侵略的消息。他飞马跑向东莱城，在途中听到敌人已经快靠近的消息，不能再前进的他，不知如何是好，向西部地方逃了。在那里想出来的仅仅是向整个邑城发檄文。檄文内容是“全部逃跑”，结果整个邑城全部空了，对敌人的进攻一点迎战能力都没有了。

晕头转向的朝廷，势如破竹的倭寇

倭寇的侵略消息最初到达朝廷是4月17日的凌晨。弃釜山城逃跑的庆尚左道朴泓的奏折（状启：地方下臣把自己管辖的重要事情报告给皇帝的文书）才初次传到。大臣和备边司都聚在宾厅要求见皇帝，但没被准许。

被任命为庆尚道巡变使的李镒选拔300名士兵去釜山，但兵曹选拔的士兵大部分是在家里游手好闲的人或小吏或儒生。叫来一看，穿着官府夹着书出来的儒生，戴着平顶巾出来的小吏（平顶巾：各司的吏胥们头上戴的头巾一样的官帽）等站满了院子，都是不希望被选为士兵的人。因为这个原因，过了三天了，李镒不能奔赴战场。

又过了几天后巡变使李镒，终于到达了闻庆。但整个邑空空荡荡的，就连蚂蚁都看不见。他亲自打开官府的仓库，取出粮食，分给了在一起的士兵们。然后经过咸昌，到达尚州。在尚州第一次迎面碰到倭寇的李镒大败。调过马急于开始逃跑的巡变使李镒，怕自己的行踪被敌人发现，弃掉马、脱掉衣服、散头发，光着身子跑掉了。

庆尚道巡变使李镒败的消息一传开，道城民心惶惶了。朝廷也流传出播迁的提议。（播迁：皇帝离开都城，避难到别处）但百姓不知道这样的事实。皇帝也下了谕旨“宗庙社稷在此，我能上哪里”。这下所有的人安心了，退堂了。但情况更为紧迫。

倭寇登陆不到10天，已经到达尚州。实际上攻入尚州的敌人，要经过险峻的地形，他们感到非常紧张。闻庆南10里左右的地方有叫做姑母城的老城。这里是东部和西部的地界。两侧山崖非常险峻，中间流淌很大的溪水，道路在下面，是非常险峻的地方。敌人判断我们的士兵在这里埋伏，几次派了侦察兵察看了，但知道没有守兵，就兴高采烈地经过了此地。后来明朝将领李如松追击倭寇，经过鸟岭（闻庆鸟岭，闻庆溪谷），如此叹息“有这样天险要塞，都不能守，申总兵（申砬）真当是不足的人啊”。

古人云：“将帅不会用兵，就等于把一个国家交给敌人一样”。开始申砬想防御鸟岭，但一听到李镒打败的消息，就吓破了胆回到忠州。申砬在忠州弹琴台前面的两个河之间布了阵。但这个地方左右都是稻田地，杂草茂密马和人都很难移动。就是满盘皆输的阵势。结果倭寇一攻进忠州，申砬在抗敌中战死，我军就土崩瓦解了。

倭寇1592年4月13日登陆釜山浦，20多天几乎没受到什么阻力，甚至汉江渡河过程中也没有阻止者。简直就是势如破竹，几乎与行军速度一样的攻击。

倭寇从东莱分两路进军。一路是经过梁山、密阳、清道、大邱、仁洞、船山在尚州击破了李镒。还有一路是经过长鬐、机张，攻陷了左道兵营蔚山、庆州、新宁、宜兴、军威、比安后通过龙宫和和丰津的渡口到达闻庆，加入到中路军，一起过了鸟岭，进军忠州。在忠州再次分两路进攻，一路经过骊州过江后经过杨根、龙进，进入到首尔东部。最后的一路经过金海、星州、巫溪县，过江后经过知礼、锦山，进入永同。然后攻陷了清州后，再进军京畿道。

皇帝抛弃百姓

申砬战死的消息传到汉阳（首尔的旧称），朝廷开始议论蒙尘（蒙尘：皇帝避难）。“敌人今明两天进攻汉阳”的奏折一到，没过多久皇帝的御驾逃离出宫廷。这是壬辰年1592年4月30日。倭寇登陆釜山浦整17天的事情。

乘着皇帝的御驾经过敦义门，到达沙县岭（现今母岳斋）的时候，天开始蒙蒙亮，人们看到皇帝蒙尘的队伍，号啕大哭说："皇帝把我们抛弃了，我们依靠谁生活下去呢？"。

5月1日傍晚时分，皇帝的蒙尘队伍，到达了开城。这时柳成龙被授予了领议政一职。对柳成龙来说是一天就像千年一样漫长而紧迫的时期。

留在济川亭守汉江的大元帅金命元一看倭寇来侵，就连一仗都不敢打，把武器和火炮都扔进江里，换了衣服，仓皇逃跑了。连续几天不敢过江的倭寇，趁这个机会，拆掉民居和官宅的木料制作了木筏开始渡江，掉到河里死了不少人，但因为没有守江的人，分几天慢慢渡江过来了。就这样分三路进攻的敌人，全部占领了汉阳。这一天是1592年5月3日。

5月3日首都汉阳被攻陷后，皇帝的蒙尘队伍4日再次出发，5日经过安城、龙泉、剑水驿，到达了凤山郡，6日经过黄州，7日经过中和，到达平壤。

副元帅申恪是放任倭寇横渡汉江的大元帅金命元的副将。但申恪没有跟随金命元，跑到扬州击退了掠夺民居的倭寇70多人。这是倭寇侵略韩国后，第一次迎击敌人胜利的战斗，百姓们激动地欢呼。

但在壬辰倭乱中真正取得第一次胜利的申恪，反而被大元帅金命元无辜地杀死了。武器和火炮弃江，换将军服逃窜的大元帅金命元在临津江给皇帝的奏折上这样写的："申恪擅自出走，不服从命令"。

右议政俞泓看到这个奏折，就原原本本报告给皇帝。结果朝廷为了处置申恪而派出宣传官，正好这时传来了申恪胜利的消息。朝廷急忙去追回宣传官，但申恪已经死在宣传官的手里了。

感受到弱国的悲哀

正中一路的加藤清正最勇猛而善战。他与小西行长一起，渡过临津江，到达黄海道安城驿，这里道路分叉了。不知选择哪一路的他们抽签决定，小西行长去往平安道，加藤清正去往咸庆道。

敌人进咸庆道，临海君、顺和君两个王子被敌人活捉了。当时一直追击王子们，这时会宁府衙前鞠景仁谋反，抓了在咸庆道的临海君、顺和君及护卫他们的官吏和其家人，交给了倭长加藤清正手里。

被加藤清正抓到的宣主的长子临海君，答应如果放了他，就把汉江以南的土地不管是哪里都划分给倭寇。当时太子首的临海君，根本没有说即使献出生命保卫国家，反而给敌将划分土地，哀求保住自己的性命。这可是羞耻而惨痛的事情。

1592年6月11日宣主离开平壤，再向宁边。宣主的蒙尘队伍放弃平壤城离开的时候，百姓们手拿武器和木棒，这样愤怒的喊叫："你们平时白白耗俸禄，亡国，就连百姓都欺骗，既然弃平壤城走，为什么让他们进城呢？这不是骗我们，交给敌人的算盘吗？”

皇帝离开平壤后，民心更加险恶，发生难民抢夺粮食的事情，顺安、肃川、安州、宁边、博川的仓库被洗劫一空。

进攻到平壤城前的倭寇，登上牡丹峰观察了一段时间的城内情况。观察发现城的确是空的，就入城了。皇帝居住在平壤时，朝廷担心粮食不足，从各个邑作为田税往平壤收进了粮食。就这样收进的粮食近10万石，随后原封不动都进了敌人的手中。

结果宣主播迁到与明朝国境接壤的义州。如此这样下去可能要过国境线了。在这里请求明朝增援，甚至请求把韩国合并过去。这真是没有自保力量国家的悲哀。

7月传来消息，明朝辽东副总兵祖承训率领5000人支援韩国。但7月19日攻破平壤城失败后退了，游击队长史儒战死了。陆军惨败，但海战情况就不同了。小西行长到达平壤时，给我军发来这样的纸条。

“我（日军）水军10万人从西海到达，朝鲜皇帝现在还能去往哪里？”

原来敌人计划水军和陆军合起来攻略西部。但在巨济前海的战斗中败给李舜臣，结果一侧臂膀掉下来了。战况到了这个地步，如果支援军不到达海上，攻占小西行长也不能再进攻了。

因李舜臣的海战胜利，保住了全罗道和忠清道，同时守住了黄海道和平安道的沿海地区，能够维持军粮的调配和通信体系。这就成为恢复国家的基础。

不仅如此辽东和天津等地方，倭寇涉及不到，明朝士兵从陆路可以进入朝鲜。这一切都是李舜臣胜利的结果。之后李舜臣带领三岛的水军，停留在闲山岛，阻挡了敌人的交通要道。

倭寇侵略全罗道，金堤郡守郑湛和海南县官边应井，在全罗北道完州郡、所阳郡新村里熊峙岭立木栅，抗击敌军，结果战死了，就因此只有全罗道完整地保存下来。最终进攻全罗道失败后退兵的倭寇，被英勇战斗壮烈而死的我军士兵感动，把尸体聚集起来，埋在路边，并弄了很大的墓，然后立起了墓碑，墓碑上刻了“朝鲜国忠肝义胆”的字，赞美了朝鲜忠诚精神和勇为的气韵。郑湛和边应井为首的我军的行动，就连敌人也感动了。

平安南道江东地区前任义禁府道士曹好益召兵，抗击了敌人。江原道助防将元豪在骊州九美浦大战了倭寇，但在春川战斗中失去了性命。训练部奉事权应铢和郑大任等率领义兵攻打击破宁川的敌人，夺回了宁川。庆尚做兵使朴晋收复了庆州。

全罗道前判决事金千益和佥知高敬命，还有宁海府使崔敬喜也起兵了。

在庆尚道召集义兵战斗的有，宜宁的郭再佑、在高灵起义的前佐郎金沔、陕川前将领郑仁弘、礼安的前翰林金垓、校对馆柳宗介、草溪的李大祚，还有军威学生等。忠清道有僧侣灵圭和前都督官赵宪，前清州牧师金弘敏、庶孽出身李山谦、书生朴春茂、忠州出身赵德恭、内禁卫赵熊，清州出身李逢等活跃。京畿道有前司谏禹性传、郑叔夏，水源出身崔吃，高阳出身进士李鲁、李山辉，前牧师南彦经、儒学金琢、前御史俞大进、忠义卫（朴正烨）（字）而质、庶孽出身洪季南、书生王玉等活跃。除此之外还有吉州的郑文孚、妙香山的西山大师、平壤的任中郎、金刚山的刘延等召集义兵活动。

决定性失利，坏了大事

1592年7月，祖承训曾率领5000名援兵攻打平壤城失败，而后退过。还是那年12月来了李如松麾下达4万名的明朝援军。1593年正月初一，夺回平壤城的战役打响了。仅三天夺回了平壤城。

当时小西行长的队员中有个叫吉野的人，他在从军日记里留下来这样的记录，通过这个记录能够了解，倭寇的败战队伍是有多悲惨。

“那天北风狂啸，得了冻疮的士兵们就连弓箭都抓不来，拖着疼痛的腿走路，但不能停下来，停下来的瞬间只能被冻死或饿死。”

小西行长、宗·义智、玄苏、柳川调信等倭将们带领剩下的残兵，脱离平壤城连夜逃脱了。士兵的身体已经伤了很多，军粮也断了，一路乞讨行军，我们的兵没有一个攻击他们的。如果我兵攻击倭寇，活着的小西行长、宗·義智、玄苏等，那么汉阳的倭寇就会不攻自破，加藤清正也会因为没有退路而自己就散了。如果这样，汉江以南的倭寇也会接连瓦解，明朝的军队一口气就能到达釜山了。这真是短时间击退整个国内倭寇的绝佳机会，如果没有失去这个机会，以后数十年也没必要艰难打仗了。错失了绝佳的时机。

1593年1月24日，逃到汉阳的倭寇，害怕百姓知道这个事情，担心里应外合，加上败走平壤的怨恨，无情地残杀了百姓，烧光了建筑物。

一方面全罗道巡察使权在幸州打胜敌军，进军坡州。听到明朝救援兵向汉阳进军的消息，权横渡汉江，在幸州山城摆阵了。看到这个汉阳的倭寇带领大军开始攻击了。被强大倭寇的气势压倒的士兵们，恐惧地想偷跑，但城后是江，因此就没有退路，没有退路的士兵们拼死地打，结果打胜了。

1593年4月20日，终于收复了首都汉阳。城里的百姓只有1%幸免于难的，但都又饿又病，脸色就如同鬼。天气也热，城里弥漫着扑鼻的死人和死马的味道，不堵鼻子是寸步难行的。那年到了10月宣祖皇帝才回到汉阳。

1592年开始的战争，到1598年持续了7年。但开战后的两年处于暂时平稳状态。1598年10月僧侣义兵将领惟政，攻进顺天的敌军营；三道水军统制使李舜臣，用剩下的12艘船，击破敌船200余艘，但在这个战役中战死了。那时小西行长也弃真珠城逃跑，驻扎在釜山、蔚山、河东海边的敌军也都撤退了。

不反省的历史会重复

壬辰倭乱、丁酉再乱的祸惨不忍目睹。朝鲜全境忍饥挨饿，到处可见运输军粮的老人和小孩晕倒的情景，还有力气的都成了强盗，传染病猖狂地蔓延，活下来的人所剩无几，甚至达到父子夫妇相食的境地，路边到处是死人骨，简直就是人间地狱。柳成龙记录了这个现场。

书如同读岁月的沉重，就这样心痛记录的《惩毖录》，需要岁月的间隔，应该再次读。岁月过去了，但我们的后顾之忧没有减少，反而增大了，那就是没有好好“惩毖”的结果。每次读要深刻反省和指责，留给后世严厉警告的西崖遗言《惩毖录》，更加沉重，也是因为这个原因吧。

不反省的历史会重复，这不仅是一个国家，就是企业、家庭、个人也要“惩毖”，应该重新修正自己。不仅只以军事分界线的铁栅栏，要把我和我们生活的前沿，应该重新检查，然后应该重新写“我和我们的惩毖录”，这个时机就是现在。

参考文献

第一章　治世，作为领导的意义

［中］吴兢：《贞观政要》，金远中译，玄岩社2003年版。

［中］扬帆:《唐太宗李世民的贞观政要》，金太城译，例谈出版社2002年版。

［中］易中天:《品人录》，朴珠恩译，EVER RICH HOLDINGS出版社2007年版。

［日］陈舜臣、尾崎秀树:《英雄的历史 7：大帝国皇帝》，尹小英译，SOLBOOK 出版社2000年版。

［日］陈舜臣、尾崎秀树:《英雄的历史 9：女人天下》，金正姬译，SOLBOOK 出版社2000年版。

第二章　人生，顶峰即危机的战场

［美］桑德斯:《落马帝国衰亡史》，黄建译，喜鹊出版社1991年版。

[美] 杰德·戴蒙：《男人美丽的绝经期》，金其英译，庭院出版社2004年版。

[日] 金森诚也：《30点读罗马帝国衰亡史》，韩恩美译，朋友book出版社2004年版。

[日] 守屋洋：《男子的后半生》，杨亿官译，绿森林出版2003年版。

[韩] 性澈：《这是什么》，KYOBOBOOK 出版社2004年版。

[韩] 圆泽：《性澈大师的侍奉故事1-2》，KYOBOBOOK 出版社2001年版。

第三章　自助，永生活不变的智慧

[英] 塞缪尔·斯迈尔斯：《自助论》，金有新译，21世纪BOOK出版社2005年版。

[英] 塞缪尔·斯迈尔斯：《人格论》，郑俊熙译，21世纪BOOK出版社2006年版。

[英] 塞缪尔·斯迈尔斯：《义务论》，朴常尹译，21世纪BOOK出版社2006年版。

[英] 弗里德利希·冯·哈耶克：《通往奴役之路》金义石译，NANAM出版社2006年版。

[韩] 柳达英：《相逢》，SOLBOOK 出版社1998年版。

[日] 浅田次郎：《铁道员》，杨润玉译，文学村出版社1999年版。

[韩] 郑镇弘：《完美冲动》，21世纪BOOK出版社2006年版。

第四章　好奇心，创造天才的感觉肌

［意］列奥纳多·达·芬奇：《列奥纳多·达·芬奇的手册》，安中石编译，知识旅行出版社2005年版。

［英］艾玛·阿·里斯特：《列奥纳多·达·芬奇的笔记本》，金民英译，RUBYBO出版社2006年版。

［美］迈克尔·葛柏：《像列奥纳多·达·芬奇一样思考》，宫敬姬译，大山出版社1999年版。

［美］麦克·怀特：《列奥纳多·达·芬奇，最初的科学家》，安任姬译，SCIENCEBOOKS出版社2003年版。

［美］道格拉斯·洛西科夫：《混沌的孩子们》，金成基、金珠厅译，MINUMSA出版社1998年版。

［英］东尼博赞、［英］巴利·博赞：《思维导图》，罗明花译，平凡社2002年版。

第五章　思维，诀别熟悉的

［美］罗伯特·鲁特–伯恩斯坦、［美］米歇尔·鲁特–伯恩斯坦：《创意天才的思维方法：世界著名创意大师的13种思维工具 》，朴钟城译，生态书房出版社2007年版。

［美］霍华德·加德纳：《热情和气质》，任再书译、文勇林校译，BOOKS出版社2004年版。

［荷］约翰·赫伊津哈：《游戏的人》，金润珠译，喜鹊出版社1981年版。

［中］倪泰一、钱发平：《山海经：一部想象力非凡的上古百科全书》，徐景浩、金英智译，ANTIQUUS出版社2008年版。

［韩］郑再书译注：《山海经》，敏音社1996年版。

第六章　文化，决定命运的软实力

［美］塞缪尔·亨廷顿、［美］劳伦斯·哈里森：《文化的重要作用：价值观如何影响人类进步》，李忠任译，KYOBOBOOK出版社2001年版。

［美］布鲁克斯·彼得森：《文化智商》，现代经济研究院译，青林出版社2006年版。

［美］克里斯托弗·厄、［美］伊莱恩：《文化智能：全球化时代新环境的生存战略》，朴树哲译，YLC21出版社2007年版。

［德］马克斯·韦伯：《新教伦理与资本主义精神》，朴成珠译，文艺出版社1996年版。

［美］约瑟夫·奈：《软实力》，洪树源译，世宗研究院2004年版。

［美］梅南德：《哲学俱乐部：美国观念的故事》，郑助延译，MINUMSA出版社2006年版。

［韩］柳相哲、安慧丽外：《韩流DNA的秘密：软实力，寻找软实力韩国现场》，ITREEBOOK 出版社2005年版。

第七章　沟通，为了沟通的共鸣智能

［美］丹尼尔·戈尔曼：《情商2》，张石熏译，JISIKHOUS出版社2006年版。

［美］丹尼尔·戈尔曼：《情商》，黄太浩译，VISIONKORE出版社1997年版。

［德］卡内提：《群众和权力》，江斗式、朴柄德译，大海出版社2002年版。

［法］伊曼努尔·列维纳斯：《时间和其他》，姜英岸译，文艺出版社1996年版。

［法］克雷恩：《时间》，朴慧英译，YLC21出版社1997年版。

［美］约翰·麦贝物：《非洲宗教和哲学》，郑镇弘译，现代史商社1979年版。

［德］马丁·布伯：《我和你》，表再明译，文艺出版社1977年版。

［英］加文·孟席斯：《1421 ，中国发现美洲》，赵幸福译，四季出版社2004年版。

［美］爱德华·W. 萨义德：《东方主义》，朴弘圭译，KYOBOBOOK出版社1991年版。

［中］陈小眉：《西方主义——后毛泽东时代抗衡话语理论》，郑镇培、金贞雅译，江出版社2001年版。

［荷］伊恩·布鲁玛、［荷］阿维夏伊·玛格里特：《西方主义：在敌，宋忠启译，MINUMSA 出版社2007年版。

［韩］金玄乘：《秋天的祈祷》，未来社2003年版。

第八章　知识，看不见的未来之财富

［美］阿尔文·托夫勒、［美］海蒂：《财富的革命》，金中雄译，青林出版社2006年版。

［美］阿尔文·托夫勒：《未来的冲击》，李奎行译，韩国经济报社2001年版。

［美］阿尔文·托夫勒：《第三次浪潮》，李奎行译，韩国经济报社2002年版。

［美］阿尔文·托夫勒：《权力的转移》，李奎行译，韩国经济报社2002年版。

［美］阿尔文·托夫勒、［美］海蒂：《战争与反战争》，李奎行译，韩国经济报社2001年版。

［美］约翰·奈斯比特：《思维组合》，安镇焕、朴色拉译，FACEBOOK出版社2006年版。

第九章　战略，改变人生质量的智慧

［美］罗伯特·格林、［美］朱斯特·艾尔弗斯：《战争的技术：取得胜利的商务和人生的33项战略》，安镇焕、李秀敬译，JISIKHOUSE出版社2007年版。

［英］李德·哈特：《隆美尔战时文件》，黄奎万译，一潮阁出版社1975年版。

［德］卡尔冯克劳塞维茨：《战争论》，柳在成译，书世界出版社1998年版。

［美］克里斯特·乔根森：《隆美尔的装甲部队》，吴太敬译，PLANET MEDIA出版社2007年版。

［美］帕沙·博斯：《亚历山大：永恒的帝国统治者》，朴成范译，每日经

济报社2003年版。

［美］威廉·A. 科恩：《最强大的领导力》，洪润珠译，青林出版社2002年版。

［韩］高胜才：《撒切尔夫人》，ACHIMNARA出版社2003年版。

［日］宫本武藏：《五轮书》，杨云坤译，未来之窗2002年版。

［中］孙武：《孙子兵法》，南万成译注，HYEONAMSA出版社1965年版。

第十章　权力，首先支配自己

［美］罗伯特·格林、［美］朱斯特·艾尔弗斯：《权力的48条准则》郑英木译，喜鹊出版社2007年版。

［美］阿兰·阿克塞尔罗德：《伟大的CEO：伊丽莎白一世》南京太译，WISDOMHOUSE 出版社2000年版。

［美］卡恩斯·罗尔德：《统治的技术》，李秀敬译，21世纪之窗2008年版。

［美］多莉丝·基恩斯·古德温：《团队的竞争对手：亚伯拉罕·林肯的政治天才》，李秀彦译，21世纪之窗2007年版。

［英］玛格丽特·克罗斯兰：《权力和欲望》，李相春译，中央一（株）2005年版。

［韩］李相珠：《韩非子权力的技术》，JISIKHOUSE出版社2007年版。

第十一章　惩毖，扶正历史的惩罚的力量

［朝］柳成龙：《惩毖录》，李闵珠译，EULYOO出版社1970年版。

［朝］柳成龙:《惩毖录》，金洪石译，西海文集2003年版。

［韩］西崖柳成龙逝世400周年追悼会筹备委员会:《西崖柳成龙，救过的指导力》, SAENURI 出版社2007年版。

［韩］郑斗熙、李敬舜:《壬辰倭乱 东亚三国战争》, HUMANEST出版社2007年版。